報恩感謝

Seike kenji
清家謙次

セイワパーク創業者
清家謙次自伝——

梓書院

報恩感謝

セイワパーク創業者・清家謙次自伝

はじめに

おかげさまで、今年、わが社は創立40年を迎えます。今をさかのぼること10年前、30周年記念にさいしては『感謝』と題した社史を発行しておりますので、このたび自伝を出すにあたって『報恩感謝』というタイトルを用いました。ただ単に有難いと申し述べるだけではとても足りません。よりいっそう心を込めて、できるかぎり恩に報いたいという気持ちを表したかったのです。

「絶対に会社を潰さないぞ」という想いで設立した従業員わずか3名の小さな会社が、今やもう社員数90名を超える立派な企業にまで育ちました。

駐車場ひとすじで業績も伸び、平成30年3月の決算では売上高約34億円、経常利益は3・4億円を予定しています。建築部門は売上高約17億円、管理運営部門は管理台数が約1万台、補修工事・その他のいわゆる保守部門では契約件数が約250件、とりわけ貸し駐車場の運営・管理による収益は、全国市場でみても21位（平成

29年11月現在）にランクインするほどでして、いずれの部門もきわめて好調です。これもひとえに皆様のお力添えあってのことですから、もはや御礼の言葉も見つからないほどでございます。

この本では〝セイワパーク創業者・清家謙次の80年〟といった内容で、乱文乱筆ながら私の人生経験をつらつらと綴っております。退屈なエピソードから、つまらぬこぼれ話まで様々にあるとは思いますが、そういった下手の長談義のなかから、一つ二つでも何かしら参考にしていただけるようなことがあれば、たいへん幸いに思います。

【第2章】受難と脱皮—土地バブルを経験して

の認定自走式駐車場を開発／建築物もどき、簡易駐車場が淘汰される／NPの理事長に就任

【第3章】時代と共に生きる

駐車場のトータルカンパニーを目指して、セイワパークマネジメント㈱を設立／SPM（ソフトウェア）部門で経営が安定／リーマンショック後の谷底から現在の好景気へ／SPM部門の設立からの軌跡／西鉄久留米駅前の大型立体駐車場を買収／不況に強い「作る」「使う」「維持する」―3本柱を実現／自走式駐車場建設の大手2社が姿を消した／3本柱を統合したセイワパークの誕生／パークアンドライド構想の推進／69歳で現役引退―計画的に行なった事業承継／事業承継を終えて会社の業績が大幅アップ／会長として眺めたセイワの10年―心境とこれからの見通し／海外・国内旅行を年16カ所も／40代の頃、全国展開を目指す／株式上場はしない―思い通りの意思決定を優先／20年後にはEV・PHV主体の時代に／これからの駐車場はこのように進化する

序章
創業前夜

漁師の四男として生まれて

清家謙次。昭和13（1938）年11月21日、大分県生まれ。南海部郡鶴見町沖松浦の小規模集落にて産声をあげる。そこは佐伯湾南部にある入江のさらに奥、わずか13戸の家々がひっそりと軒を連ねる寒村だった。

代々、漁師の家だと聞かされていた。私の知る範囲でいえば曾祖父の春五郎も確かに漁師だ。曾祖父は生まれが天保8（1837）年のはずだから、江戸時代にはすでに漁を生業としていたことになる。

集落は沖松浦から東にひと山越えたところ。入り江がU字型を描き海にせり出すような海岸線だったので〝二股（湾）〟と呼ばれていた。現在では日豊海岸国定公園に準ずる豊後水道県立自然公園の指定となっている区域だ。こう説明すれば、リアス海岸を思い浮かべる人も少なくないかもしれない。ご多分に洩れず海はすぐに山を背負い、人の営みがある場所はわずかばかり。田んぼを作れるほど肥沃な土地は無く、また、現代のように多様な仕事があったわけでもないから、そこで生計を立てようとすれば漁師以外に手はなかったろう。おそらく先祖代々、同じ場所に住み、同じようにして働いてきたのだと思う。

幼いころ、わが家では自給自足の生活を送っていた。裏山の段々畑でさつまいもや大麦、家のそばの畑で野菜などを作っていたが、生活の根幹をなすのはもちろん漁だった。巾着網や底引網、立網などで魚を獲ってそれらを干物や煮干しに加工するのが日々の常だ。

家の手伝いというわけではないが、私も毎日のように艪漕ぎ船をあやつっては近くの釣り場へと漕ぎ出していた。村の子供にとって一番の遊びは魚釣りだった。海中を覗く箱めがねなど使わずとも、水面越しに魚がいっぱい泳いでいる様子が見てとれた。まだ汚されていない海はどこまでも透明で、悠々と水にただよう大きな魚たちがまるで目の前にいるかのように感じられた。光が射してキラキラと藻がゆらぐ海底も、手を伸ばせば届きそうなくらい、すぐそこにあった。

だが、今やもうそんな光景は姿を消した。あれほど繁茂していた海藻もずいぶんと減ってしまっている。どうしてそうなったか理由は知らないが、藻が無ければ魚たちも姿を消す。それは必定なのだろう。

太平洋戦争末期―小学校入学

私が小学校に入学したのは第二次大戦のさなかだった。確か昭和20年4月1日だったと記憶している。その夏、同年8月に日本は終戦を迎えた。

入学先は松浦小学校（現：佐伯市立松浦小学校）。家から通うには標高１００ｍの山を越えねばならず、ろくに交通手段が無かったので、舗装もされていない峠道をおよそ40分かけて通学していた。

当時はちょうど戦時下から戦後に移りゆく混乱期であり、やはりどこも慢性的な食料不足にあえいでいた。松浦小学校でも食料増産のため校庭で甘薯（さつまいも）を栽培していたような状況だ。当然、給食などは用意されておらず、各々が弁当を持参するわけだが、わが家の朝といえば戻った漁船から陸揚げされた魚の処理に忙しく、朝食すら自分で作らねばならないような塩梅だった。漁というものは大漁であればあるほど戻ってからが忙しい。現在のように冷蔵・冷凍の保存技術が発達していないため、魚介類は急いで加工しなければすぐに腐って駄目になってしまう。父やら男連中は夜に漁を行って朝に戻るから、後を引き継いで、獲れたものを加工するのは女性たちの役割だった。そうやって作業に追われている朝は子供に構っているわけにもいかなかったのだろう、弁当どころか朝食も無し。自分で何度か試みはしたが、小学生の私はさすがに弁当が作れるほど料理が達者ではなかった。そんな日、どうにも耐えられないときは学校の近所で小さなコッペパンをひとつかじって空腹をしのいだこともある。

私は戦中の生まれだが、食糧難はともかくとして、田舎暮らしだったせいか同世代であれば多くの方々が味わったであろう陰鬱な戦争体験は持ちあわせていない。しかし終戦直前、あれは確か梅雨のころだったか、あわやという体験をしてはいる。

村のあった地域、戦中における豊後水道は軍略上の要所だった。そこに配備されていた部隊がある。佐伯海軍航空隊だ。6月某日、その拠点であった佐伯飛行場にアメリカ軍の爆撃機・B29が来襲し爆撃を遂行した。私の村と飛行場は直線距離にして10㎞ほど離れていたが、運悪くなのか意図的なものだったか、ともかく、B29は帰りがけに村の上空を飛び、まるで余りものを棄てるかのように5発の爆弾を投下していった。

B29が飛んできたら防空壕に退避せねばならない。まだ小学1年生のチビだろうとそれくらいは理解できたから慌てて家を飛び出した。防空壕は家の近所に掘ってあり子供の足でも走ればすぐだ。地響きをそのまま空に放り投げたようなB29特有のエンジン音は、けれどもまだ頭上に遠く、爆弾が落ちてくる気配などこれっぽっちもない。

それなのに、私の体は宙を舞った。防空壕に向かう途中のことだ。いきなり地面が破裂したのかと思うほどの衝撃だった。どうやら1発の爆弾が近くに落ちたようで、その爆風たるや幼い頭でおぼろげに想像していたよりもずっと凄まじかった。5ｍほどだろうか、尋常ならざる風圧によって私はボーリングのピンさながらに軽々と跳ね飛ばされ、いきおい地面に叩きつけられていた。

このときの爆撃により村では網元の豪邸が全壊したが、幸いにして私は大きな怪我もせず、家族を含めてみんな無事だった。とはいえ、わが家はさほど被害を受けなかったものの200ｍ以内に3発の爆弾が落とされ、その爆発で飛んできたであろう大きな石が座敷をぶち抜いていた。

ほどなくして、家から70〜80ｍ離れた場所で1発の不発弾が見つかった。それがいつ爆発するかわからないということで1カ月ほど村を離れることになるのだが、ど田舎に住んでいる私たちが逆に疎開するなんて可笑しな話だと、今になっては微笑ましく思う。

算数が得意になった瞬間

小学生のころは戦後混乱期のまっただ中で、依然として着るものも食べるものも不足していた。何もないから人々は生活していくのにやっとだった。世の中がそういう流れであれば、況《ま》して片田舎の小学校で勉強に励もうなどという気分になるはずもなく、私はあいかわらず日課のように海辺で遊んでいた。夏休みなどは友人たちと褌一丁で海水浴をするものだから、男女問わずみんな真っ黒に日焼けをして、ひと夏に3回も背中の皮が剥けるほどだった。

そんな小学3年生のある日、算数の授業でのことだ。担任の木村先生が教室にコッペパンをひとつ持ってきた。バターやジャムが塗ってあるとか、惣菜がはさんであるとか、そういう類のものでは一切ない。只々、きつね色をしたありきたりのコッペパンだった。それでも食べごたえがありそうに大きく、芳しさの中に少しだけアルコールに似た香りをふわりと漂わせてくるそれに、私たちはみな一様に気持ちを持っていかれた。繰り返しになるがそのころはほんとうに食べるものが足らず、ほとんどの者がいつも腹をすかせていた。したがって級友たちも私と同じく、はじめのうち誰がパンを口にするかということで頭がいっぱいだったことだろう。

「これから分数を教える」

先生はそう言って教壇の上にコッペパンを置き、ひと呼吸おいて問いを投げた。

「さて。このコッペパンは、何個や」

「そりゃもう1個に決まっとろう」

誰かが即答した。「なん当たり前なことを聞きよるん」と続けることはしないが、声音に少しの苛立ちが混じっていたように思う。私たちはそれが食べたいわけで、ところがどう見ても全員に行き渡るものではないから、1個という数字がいらぬ焦燥感を煽るのだ。

「じゃあ、これを包丁で半分に切ると何個や」

そんな私たちの焦りなどどこ吹く風といった様子で、先生はコッペパンを半分に切り分けながらさらりと話を進めた。

「えーと、2個になる」

「ならんちゃ。なん増やしよるか。1個が分かれたんやけ、半分は半分や」

「だけん、半分ち言うたら半分個やろ」

級友たちは口々に回答する。蜂の羽音のようにざわめくのをしばらく好きにさせてから、先生はパチパチと手を叩き、教壇へ注意を惹いた。

「半分個やない。これは1／2個という」

小学3年生にもなれば1個とか半分とかいう程度のことはわかる。先生はそこから話を広げ、分数の基本についてコッペパンを見せながら教えてくれたのだった。半分は1／2。したがって半分と半分を繋いだら1になる。そういった説明のひとつひとつがとても理路整然としたものに感じられ、しだいに私は空腹感などすっかり忘れて先生の言葉に傾注していった。

それまで算数など好きでも興味があったわけでもない。しかしそれ以降、とても身近なものに感じられるようになったのは事実だ。コッペパンという現物と数についての概念を一緒に考えるのは非常にわかりやすかった。「3」という数字はパンが三つ、「1／3」ならパンを三等分したうちのひとつ。そうやって数字と形を頭に思い描けば算数はなんと簡単なのだろうかと思い至り、それからは算数が大の得意になった。物と数字を結び付けて考えながら問題を解くのが楽しく、算数と数学は高校を卒業するまでずっと学年で三本の指に入るほどだった。そうして成績はすべて〝5〟を修めた。

木村先生についてはもうひとつ紹介しておきたいエピソードがある。小学4年生になって間もないころ、あれは国語の時間だったと思う。先生が探偵小説の読み聞かせをしてくれたのだが、これが私にとってすごく良い体験となった。話の先はどうなるだろうと気持ちが昂ぶり、小説というか、本というのは面白いなと素直に思えたからだ。その日からさっそく図書室に通ってはいろんな本を読んだ。先生が国語の時間を潰して（教科書どおりではないイレギュラーな授業にまでして）本の楽しさを教えてくれなければ、きっと私はわざわざ図書室に行って本を読むような人間にはならなかったろう。今も読書の習慣はしっかりと継続しており、自宅にはさまざまな小説や経済関連の本があふれんばかりになっている。

そういえば中学にあがると英語の授業があったが、教科書に書いてあること、それが何ひとつ私にはピンとこなかった。これはどうにも苦手だというふうに感じていた。ところが正月に友達の家へ遊びに行ったとき、ふとしたきっかけで、その子が英語の話をしてくれることになった。私はその時も英語が好きではなかったが、ペンを見せながら「Ｐｅｎ」、箱を指さして「Ｂｏｘ」といった具合にやるものだから、これがまた、コッペパンの一件を思い起こさせ非常にわかりやすかった。おかげで少しだけではあるが英語が好きになれた。やはり私の性格というか、実態と概念が結び付くと理解がしやすいようだ。机にかじりついて丸暗記で覚えようというのはどうにも得意じゃないから形や理由と結びつけておく。そうしていつのまにか論理（ロジック）と想像（イマジネーション）を一緒にしてものごとを考える癖がついていた。

話が少し逸れてしまったが、算数にせよ国語にせよ、興味を持つようになった明確な分岐点が私にはあったわけだ。それゆえに「人生とは何かのきっかけがあると変わるものですわな」と声を大にして言うことができる。

義母のおかげで高等学校へ

私は末っ子で、わが家には兄が3人、姉が2人居た。私が3歳のころに父が再婚し、義母に女児が3人生まれたので妹が増えて9人きょうだい、計11人の大家族となった。それだけの数が食べて行こうとするとどうにもこうにも貧乏暇なし。家族みんなで協力しあい日々一生懸命に働いて口に糊していた。先に述べたように山からすぐ海になり田んぼもないようなところだから、米はほんとうに貴重品だった。主食は麦飯とさつま芋であり、白米を食べられるのは正月くらいのもの。それでも漁ができるおかげでどうしようもなく飢えるほどではなかった。私が高校生になるころには獲れた魚介との物々交換で米なども少しずつ手に入るようになり、いくぶんましな生活水準にはなっていった。

ところで、私は自分が高校に行くとは夢にも思っていなかった。しかし中学2年生になったころ、義母が私を呼び、大まじめな顔をしてこんなことを言ったのだ。

「謙、謙や。おまえ学校へ行かんかいな」

「えっ、うちにゃそげな余裕ねぇんに、行かせてくれるんですか」

寝耳に水だった。どうせわが家は貧乏で、子供は貴重な働き手で、中学を出たらすぐに仕事をするわけで、つまりは高校になど通わせてはもらえないだろうから大工にでもなろうか。中学生だった私の頭にあったのはその程度の曖昧模糊《あいまいもこ》たる考えだ。

「そげなこと。しょわねぇ、どげぇかなるきい、行きんしゃい」

お金のことは心配しなくていいと言外に含ませながら義母は目を細めた。少しおかしがるように口元を緩めて笑うので、私もなんだか気がほぐれて、どうして高校へ行かせようと思ったのか訊ねたくなった。

「そんならぜひ行きたいですけど、なし急に」

「だって、ずっとこんな田舎におってもつまらんやろう。どのみち他へ行きとうなるわな。けんど外に出よう思ったら、せめて学校くらい出よらんとね」

進路の希望を聞かれたというより、最初からやりとりの答えが用意されていたようにも思う。要するに進学しなさいとやんわり命令されたようなものだ。曰く、近い将来、高校くらい出ていなければ世間で通用しなくなるだろうから進学しなさいと。この時、次男の兄は戦後まもなく朝鮮北部の日本窒素の工場で亡くなっており、わが家の男児で高校まで出してやろうとなれば私のほかにはもう誰もいなかったから、そのことが多少なりとも影響していたのかもしれない。

義母について少し紹介しておこう。頑張り屋であり、かつ広い視野を備えた人で、うちのような田舎ではきわめて珍しいタイプの女性だった。辺鄙な漁村の住人ともなれば、もうみんな世間知らずばかり。テレビ放送もまだ始まっていない時代だからなおのことだろう。しかも昭和20年代というのはまだ高度経済成長期ではなく、日本はいまだ復興の途にあって先の見通しもたたないころだ。それらを鑑みれば、義母はなかなかに慧眼の持ち主だったといえる。世の流れ、来し方行く末《こ かた ゆ すえ》を見通していたように思う。何故か。理由ははっきりしており、義母が大分で当代随一のホテルと誉れ高い白雲山荘へ勤めに出ていたからに他ならない。現代の若い方々には馴染みがないかもしれないが、昔といえばお偉いさんが大分に来たら宿泊先にほぼ白雲山荘を選ぶ。そのくらいとても由緒あるホテルで、昭和33年の全国植樹祭の折には昭和天皇もお泊りになったほどだから、やはり当時から一流の人々が集う場所ではあったようだ。義母は女中として日々そういった相手と接しているうち、しぜんと世間を見る目が培われていったのだろう。

余談となるが観海寺温泉にあった「ホテル白雲山荘」は諸事情によって平成13年9月6日に閉鎖、平成16年にはとうとう解体されてしまった。私個人にこれといった寂寞の念などはないのだが、かつて昭和天皇がご宿泊されたさいに『桜花《さくらばな》 今をさかりと 咲きみちて 霞《かすみ》にまごう 宿のみはらし』と部屋からの眺めを詠嘆なされたそうだから、満開の桜を額縁がわりに一望する別府湾はさぞ風光明媚なものだったろうと、在りし日の景観へ思いを馳せるばかりだ。


話を戻そう。思いがけず進学という道を示された私はすぐさま猛勉強を始めた。すると中の下くらいだった成績が、トップとまではいかないまでも、わずか1年たらずで上位メンバーの仲間入りを果たすほどになっていった。そしていざ入学試験を迎えても設問がすべてスラスラと解ける勢いで、もう発表を見るまでもなく合格だろうといった手ごたえがあった。

ねらいは就職率が一番と評される県立佐伯豊南高等学校に定めた。佐伯には県立高校が2校あって、ひとつは佐伯鶴城高校。ここは進学校として有名だったものの普通科しか設置されていなかった。もう一方の佐伯豊南が商業科や家庭科を有すいわゆる実業高等学校だった。私が高校受験を迎えた昭和29年は、戦後復興がひと段落して経済が急成長しはじめる時期であり、都市部で足りなくなる人手を確保するための集団就職もすでに一般的なものとなっていた。中学校を卒業したばかりの少年少女たちがひとり親元を離れ、地方から三大都市圏へ出て働くわけだが、商業科出身であればどこに就職するにしても歓迎される風潮は少なからずあった。算盤《そろばん》が使えるからだ。概して、当時はもちろん電卓やら計算機などない時代であり、会計はもちろん銀行業務すらすべて算盤を用いていた。銀行員であろうともパチパチと珠をはじくのが当たり前な姿だったわけだから、私はこれといって迷うことなく商業科を選んだ。

大多数の学生も同じように考えていたと思う。実際に、進学校の佐伯鶴城の普通科よりも佐伯豊南の商業科のほうが当時は難関だったという事実がある。そこに入れば良いところへ就職できるとあって希望する者が多く、競争率が跳ね上がっていたからだ。

無事に希望校に入ることができた私は、社会に出てから活かせるスキルを身に付けようと思い、在学中に簿記と珠算の資格を取ることにした。私の人生における大きな転機はいくつか思い浮かぶが、このあたりが最初かもしれない。現状を変えたい、何とかしなくちゃいけないという向上心は幼いころから持っており、裕福そうな同級生を見て、このままでは終わらないぞと心の中で不撓不屈の精神がどんどんと育っていたのは事実だ。同級生の半分以上はうちと同じように貧乏だったが、中には親が社長だの有名企業に勤めているだのという者もいる。そういった子息はあたりまえに良いものを食べ、きちんとした身なりをしていた。私などは破れかかったボロ靴で歩くことにさえ四苦八苦しているのに、あちらはぴかぴかの靴を履いて颯爽と走る。そういうのを見ていたら、負けてたまるか、将来的には私だって金持ちになってやるぞといった気持ちが芽生えた。

しかし歩むべき道がなければどこにたどり着くこともなく終わっていただろう。だから今の私があるのはまさしく義母のおかげであり、はっきりと進む方向を示してくれたことには感謝してもしきれない。

それに、貧しく育ったことがむしろ追い風になった。ボンボンやドラ息子といった類の友人らを見るにつけ、みんな商売が下手。揃いも揃って会社を潰してしまっている。やっぱり貧しさの中で育った人間っていうのはそこらへん貪欲というか、根性があるから、何とかしようと最後まで足掻く。自身の過去を振り返ってみてもそういった気概がプラスに働いた面が多かった。そういう意味では、幼いうちに貧乏の不便さを知ることができて良かったと思う。

ちなみに高校3年生のころ、卒業するときにサイン帳へ簡単なコメントを書いてそれを交換しあうといった恒例の座興があった。最近出席した同窓会では、2人のクラスメイトからあの時こう書いたよと知らされた。

「清家さんは将来、絶対に社長になる」と。

高卒で単身大阪へ――㈱山善へ入社

高校3年生となり、さて就職先はどこにするかという段になった。資格はその時点で簿記2級、珠算2級を取得済み。学校側が主催する今でいうところの就職ガイダンスのようなものを受け、就職先はできれば大阪がいいなと思うようになった。思い起こせば先生たちは端から関西を前提に案内・斡旋ばかりしていたふしがあるが、これは当時の状況を考えれば仕方のないことだろう。東京となると佐伯から遠すぎたのがひとつ原因でもある。すなわち県外に就職するのであれば大阪というのが地域的にも定番となっていた。そのころの移動手段といえば汽車のほかに無かったから、夜行列車に乗るとして、大阪であれば

山善旧社屋前で

朝には着く。東京だとそこからもう1日かかってしまう。向かうにも里帰りするにも、いずれにせよひと晩寝ていればいいだけだから、それもあってか、九州地域における集団就職列車の行き先はほとんどが大阪だった。もちろん中には首都圏の会社に就職する人もいたものの、それはおそらく全体の1割くらいではないかと思う。学生の8割以上は近畿圏に就職していたはずだ。

そうして忘れもしない昭和31年10月、機械が好きだった私は、機械や工具の商売ができる会社に勤めたいと思い、大阪に本社をおく山善工具製販株式会社（現：株式会社山善。以下、山善）の門をたたいた。今や大商社となった山善も当時は従業員数70名ほどの小さな会社だった。筆記試験ののち面接を受けると、時をおかずその場で内定を頂いたので嬉しかった反面、やや当惑した。後でわかったことだが、どうやら私の経歴や資格を見て社長じきじきに即採用を決め込んでくれたらしい。

九州から田舎者が入って来た

翌32年3月、山善に入社。大分の片田舎でずっと過ごしてきた私にとって大阪はあまりにかけ離れた都会で、景観に新鮮さを感じると同時に目がまわるようでもあった。集団就職でやって来る若者など珍しくもない時代だし、別段これといって疎外感を感じることはなかったが、一つだけ、どうにも私を悩ませたことがある。高校を出たばかりの地元しか知らない18歳なんてのは、自分の見聞きしてきた事だけが世界のすべてだった。端的にいえば世間知らず。したがって大分弁が標準語だと思っていた。自分たちが普段喋っている言葉イコール日本語であり、当然ながら全国どこの誰であろうと同じように話しているはずだと。むろん、全然違う。漁師町から一歩も外に出たことがなかった私はそこで初めて方言というものを知るのだった。

大仰だと思われるかもしれないが、現代のようにテレビやネットで標準語があたりまえに聞こえてくる環境とは違い、地方ではイントネーションの違いやらを意識する機会そのものが少なかったのだ。私の体感だがテレビの普及率が上がるにつれ世間では〝いなか言葉〟を耳にすることが減っていったように思う。方言そのものがなくなったわけではなく、テレビのおかげで標準語を使いわけられるようになったというか、こんな話し方ですよというのが津々浦々にまで浸透していったのではなかろうかと。

そんなわけで私は就職してから向こう5年ほど方言が抜けずに苦労した。言葉の枝葉末節を先輩たちにからかわれ、得意先からも商談がはじまってすぐ「なんや、清家くんって九州出身かいな」と言われるありさま。私自身はうまいこと大阪弁で話しているつもりなのでどこをどう間違ったのかさっぱりだが、どうやら佐伯地方の方言まるだしだったようで、それが相手にとっては面白かったのかもしれない。ある意味ではモラルハラスメントというか田舎者いじめと捉えることもできる。といっても、今になってみれば良い経験だったと思う。それがあったおかげで人として大きく成長できたからだ。逃げ出したい気持ちがなかったというと嘘になるが、貧しかったことがそれを押しとどめてくれた。地元に戻ったところで私には何もない。踏ん張るしかなかった。

仕事は丁稚奉公から

仕事は最初のうち倉庫整理や配達といった内容のものを担当した。それから地方発送の荷造りなども受け持つようになり、2年間ほどそれらの業務に携わった。幸いにしてこのあたりのノウハウが後々かなり役立った。何事も下っ端からこなしていけば自分で体験しながら基礎を知ることができるものだ。たとえば荷物が仕入先から着く、それを棚に入れて整理し、いざ発送となれば箱に入れて紐掛けなどの荷造りをする。いつしかそれら一連の流れ一つひとつをこと細かく後輩や部下たちに指導できるほどに習熟していた。

私が入社したとき同期は12人くらいいたと記憶している。ところが2～3年たつころにはその半分が辞めてしまっていた。個々人にどんな事情があったかはわからないけれども、早くに退職した者には一流大学卒が多かった。要するにエリートから去っていく。山善は穿った見方をすれば泥臭い会社だったから、すっきりした商社マンになろうといったイメージを抱いて入社するとどうにも息が続かないのだろう。

逆に大学も出ていない田舎者のほうが社風に合うのか長く勤める者が多かった。私などは入社式で同期と話して自分が一番の〝田舎っぺ〟だと痛烈に自覚したほどだから、今になって考えるとそれがかえって良かったのかとも思う。私自身が垢抜けないのだ。話す言葉もそうだが、着るものひとつとっても流行がどうのとかいう話題にはとんと縁がない。ファッションセンスなんて持ちあわせていなかった。べつに自分を貶めるわけではなく、むしろこれこそが私の持ち味だとわきまえている。

商売は最終的に成約するかどうかがすべてであり、まさに勝負どころだから、仕事をするうえではある程度お客さんに合わせていかねばならない。それがごく自然にできた。なぜなら私には自己主張するほどの矜持がないからだ。誰にでも合わせられたし、であればこそ、いろんな事柄が良い方向に進んでいったのではなかろうかと思う。

入社3年で最優秀社員賞を

山善は順調に業績を伸ばし、入社して3年が経つころには社員も120名ほどにまで増えていた。私は21歳になり、まだまだ若手ではあるが仕事も覚え、日々の業務をバリバリとこなしていった。山善では創立記念日に社員表彰を行なっていたが、その年、一つしかない最優秀社員賞を私が頂けることになった。翌年も同じく表彰されたので最優秀社員賞が2回連続。努力といってしまうのは憚られるものの、私なりに真面目に働き、まわりの同期たちにも負けないよう頑張っていたつもりだ。それがきちんと認められたような気がして、これはもう、どうしようもなく嬉しかった。

こうして過去を振り返ってみても誇張なく山善で身を粉にして働いていたと言える。昨今ではこんなことを打ち明けると労働局が血相を変えてすっ飛んで来そうだが、20代のころは1日に最低でも12時間は働いていた。そんな毎日だった。若く体力があったというのもあるが、無茶をできたのも仕事を覚えていつか自身が経営者になるのだという強い意志があったせいだ。人生に目標があれば辛さは感じない。そして私自身、商売がほんとうに好きだったから働くのが苦ではなかった。

今こうして会社を興し、うまく操業できているのは、山善で下積みから商いの骨子を学んできたからだと思う。商売はどうあるべきか、どうすれば会社を潰さずに済むのかというような、行動の指針にできること諸々を。だから私は「清家さんの成功の秘訣は何?」と尋ねられたなら「いろいろと考えられますが、結局のところ、山善に就職したことでしょう」と答えたい。インタビュアーには冗談や悪ふざけのように聞こえるだろう。けれども本心からそう思うのだから仕方あるまい。

私が就職したころの山善はけっしてお高くとまった一流商社という風ではなかった。先にも言ったように本当に泥臭い会社だった。今では一般的に耳にすることはないだろうが、当時の関係者からは三菱電機が〝殿さま〟商売、松下電器が〝前かけ〟商売と冷やかされていたものだ。三菱や日立といった財閥グループはもう殿さま商売で、欲しいなら売ってやろうという立場にあった。松下や山善の場合はあきらかに大阪の商人《あきんど》という感じだった。前かけをした丁稚小僧をイメージしてもらえばいい。私が泥臭いと表現したのは卑下するわけではなく、客と商売人が顔を突き合わせた取引が主という意味でのこと。松下にしても山善にしても、言ってしまえばお金を稼ぐことに対してはかなり貪欲だった。がめついと言ってしまってもいい。それでいて、お客さん一人ひとりをすごく大事にもしていた。そういう意味では、私はスマートな東京の商人よりも、泥臭い大阪の商人のほうが好きだ。がめつく稼ぎながら顧客を大事にするという、相反しそうなそれらを巧みに舵取りし、かつ商魂たくましく利益をあげる様はまさに商売人の鑑。したがって、社会人として大阪の山善で経験を積めたことは僥倖だった。もっと格上の、たとえば伊藤忠商事あたりに就職していたならば、私とて大企業の駒のひとつで一生を終えていたかもしれない。おそらく独立するほどの気概は生まれなかったろうし、仮に会社を興せたとしても成功はしなかったはずだ。

山善時代にはたくさんの思い出がある。当然ながら、それらの中には心楽しからぬ事柄も散見される。しかし思い返せば、ほんとうに良い会社に就職したものだと、こうして筆を執りながら今、しみじみと思う。

モーやんこと山本猛夫社長との出会い

「失礼いたします」

昭和31年10月、山善の入社試験にて。面接室のドアをコン、コン、コンと3度叩くと「入ってもろて構《かま》へんよぉ」とよく通る声が返ってきた。あらためて居住まいを正しドアを開けると二人の面接官がいた。一人はすっきりした身なりで颯爽とした印象。仕立ての良さそうな背広がじつによく似合っていて、いかにも社長という感じだ。その隣で、きちんとスーツは着ているもののどこか野暮ったく、お世辞にも眉目秀麗とはいえない男が、けれども人懐っこい笑みを浮かべてこちらを見ていた。

「はじめまして。清家謙次と申します！」

「清家くんは……大分からか。そらまぁ、遠いとこ遥々よう来てくれはった」

元気よく挨拶すると、男が確認するように履歴書へ一瞬目を落とし、再びこちらに視線を戻す。「長旅お疲れさん」とねぎらう言葉を足してより一層ほころばせたその顔は、よく見ると愛嬌があって、とても人当たり良さげに感じられた。人事も兼ねた営業部長か、はたまた仕入れ主任あたりか、いずれにせよ、お客さんを前にしたとき相手に悪い印象を与えることはまずないだろう。客商売をするうえでこれは強みになりそうだ。椅子を勧められた私は、ありがとうございますと一礼して腰をかけつつ、頭の隅でそんなことを考えていた。

「社長の山本や。よろしゅうに。こっちは専務してもろてる風尾」

「風尾です。本日はどうぞよろしく」

私は「えっ⁉」とあやうく声に出してしまいそうなほど吃驚した。無理もなかろう。てっきり社長だと思っていた涼やかな人物が専務で、一見すると冴えない、野暮ったい方こそが山善の創業者――後にドラマ化される『どてらい男《やつ》』のモデルとなった〝モーやん〟こと山本猛夫その人だった。この時34歳。それが私と山本社長との最初の出会いだ。

そこからいくつか事務的なやりとりを経て、山本社長は合否を保留することなくその場で内定を出してくれた。中小とはいえ希望していた会社だ。たった一度の面接で採用が決まったことは私としても大変喜ばしく、晴れ晴れとした気持ちに満たされながら大分への帰路についた。

そうして春を迎え、本社のある大阪・立売堀にて社会人としての一歩を踏み出す。街のシンボルでもある通天閣が開業してまだ1年も経たない頃だった。上った展望フロアからの眺めはすばらしく広い。高さに竦むことはなかったが、ただ「私の舞台はこれほど大きいのだ」と思わず武者震いをするような、そういった印象がおぼろげに残っている。

2年ほどの下積みを経て、私は営業の業務担当となった。何千種類と商品があるわけだが、このときに、習得していた算盤の技能がかなり役に立った。たとえばお客さんから「これなんぼや?」と訊かれれば商品の仕入れ一覧表をもとに「はいっ！こちらは○○円でございます」と即座に答えることができた。珠算2級ともなると簡単なものはすべて暗算で済む。原価がいくらで利益率が何%だとして、個数がどれだけであれば合計はこの金額というのが一瞬で計算できるわけだ。

ある日、いつもの調子でテキパキと顧客対応をしていたら、背後で山本社長がその様子を見ていたようで、ふいに声をかけてきた。

「清家ェ……おまえ凄いやないか」

「いやぁこんくらいの計算なら、頭ん中でパッパパッち、やれますけ」

営業部勤務時代、山本猛夫社長（40歳）と

「せやからか。応対がえろう早いなて見とったんや」

ひとしきり感心したように山本社長がうなずく。私としては商業高校で学んだことを実務に活かしただけという感覚で、あえて得意げに誇るほどのことでもない。しかし昔から商人の町として栄えてきた大阪という地では、おそらく今もそうだと思うが、何事においても早きを尊ぶような風潮があった。ありていに言ってしまえば、せっかち。したがって、打てば響くかのような私の顧客対応は重宝された。

この一件があってからというもの山本社長からはとくべつ目をかけられるようになり、公私ともどもたいへん可愛がってもらえた。

山本社長は儲けることに貪欲な人だった。見るもの聞くもの何でも商売にするようなめつさがあるのだ。TVドラマ『どてらい男』で主人公の山下猛造（山本猛夫がモデル）を演じたのは西郷輝彦だったが、もちろん山本社長本人はあんなに男前ではない。しかし笑った顔がとても可愛らしく、抜群に人を惹きつける魅力があった。生命を得て動き出した鬼瓦みたいな顔をしているくせして女性にめっぽうモテた。

まぁそれはさておき、就中《なかんずく》やっぱり生粋の商売人だった。まだ開拓されていないようなところの需要を察知し、そこへ切り込む。こうすればきっとうまく事が運ぶんじゃないかといった勘も人並み外れて鋭い。また、部下を信じて仕事を任せることができる人でもあった。むろん一任したからにはたとえ失敗があってもひどく叱るようなことはしない。とにかく社員の使い方がうまいのだ。相手の優れたところを率直に褒め、本人も気づいていないような隠れた才能を見出す。そういう意味で人を見る目も凄かった。

田舎から出て来たばかりで右も左もわからない私などは、先のやりとりのように褒められるとすぐに舞い上がってしまう。社長から直々に声をかけられるとそりゃもう嬉しかったし、そうやって一度ならずしょっちゅう褒められていると、次第にそれが自信へと変わっていく。ひょっとしたらオイラすごく仕事ができるんじゃないかなんてヘンテコな思い込みではあったけれども、とにかくやる気に繋がっていたのは確かだ。これほど認めてもらって期待をかけられているのだからもっと頑張らなきゃいけないなという風に。なんだかんだ私もうまいこと使われたなぁと今となっては苦笑しきりだが、そのあたりはさすが〝どてらい男〟だということにしておこう。

えっ、株式上場する⁉

私が入社した当時、山善が社員数70人たらずの中小企業だったことは既に述べた。一代で作りあげた会社だからそれでも十分に立派ではあるのだが、社員が１００人を超えたあたりで山本社長が驚くべきことを言い放った。

「５年後をめどに株式上場するでぇ！」

この発言には社員だけでなく取引先やらもみな度肝を抜かれた。周囲の人間は山善のことをほら吹きにかけて「ほら善《ぜん》」なんて呼びはじめる始末。たかが１００人ちょっとの会社で５年以内に上場なんてできるわけがない。そう思われていたわけだ。

ところが山本社長は見事にこれを成し遂げてみせた。有言実行というのは経営のキホンのキで、会社としても広く信用の獲得に関わることだが、山本社長ときたらその後も言うことを次々と実現していくものだから、気付く頃にはもう誰しもが一目置くようになっていた。そうやって山善を押しも押されもせぬ大企業へと成長させていったのだ。

自分がこれからやろうとすることを第三者に言い切るのは、山本社長が持つビジネスマインドのひとつ。完成図が見えていなければそもそも公言などできず、それは漠然と思い描いているだけの絵空事に過ぎないという。ありがたいことにそういった山本社長の考え方、敏腕ぶりを間近に感じることができた私は、折にふれ商売のイロハを学ばせてもらった。もともと備えている商才に差はあれど、十数年も一緒にいればちょっとした真似事くらいはできるようになるものだ。したがって独立した私がそのままスムースに会社を軌道に乗せることができたのは、適宜、山本社長のやり方を思い出して参考にし、実践していったおかげといってもいい。

山本社長は中学卒業後、丁稚奉公に入って働きながら夜間高校に通ったという。大阪市立第二商業学校（後の大阪市立市岡商業高等学校）だったか、ともかく、昼夜の違いはあれども私と同じで商業高校卒ということになる。そのせいかどうか、鬼籍に入られた今となっては確かめようもないが、山本社長はどうもエリートと呼ばれる人を好まなかったように思われる。実際、一流大卒も高卒もみな同じように扱っていた。大学で勉強したことと実社会は全然違う。教科書で知識だけを得ても、いざ動くとなれば役に立たないケースも多い。だから社会に出たら自分で身を粉にして学び取れ。それが山本社長の部下に対する姿勢だった。

さて、暴露話というほど大層なものではないが、人間臭いお茶目な一面もひとつ披露しておこう。これはある時期に度々あったことで、頃合いはきまって夕方。山本社長が私のところへ来てちょっと慌てたような芝居を打つ。

「清家、手ぇ空いとるか」

「いいえ。まるっきり暇ではないんですけど。どうかなさいましたか」

「いや、今から急ぎでミナミ行かんならんねん。忙しいとこ悪いけど、また車でちょっと送ってくれまへんか」

眉を八の字にした申し訳なさそうな表情が滑稽で、私はニヤついてしまわないようなるたけ平静を装わねばならなかった。1回目はともかく、それ以降は山本社長がミナミ（大阪市内の繁華街。心斎橋や難波周辺をこう呼ぶ）の何処へどんな目的で行くのかをもう了知していたからだ。大商社であれば社長や取締役は経費を切ってハイヤーあるいは運転手付きの社用車などを使うだろうが、そのあたりは当時まだ泥臭い山善、たまたま目にとまった部下が足がわりに使われるのはよくある光景だった。それに山本社長は社内に篭もっているタイプではなく、常日頃から商談やらなにやらで忙しく飛び回っているような人だったから、私たちのやりとりを訝るような社員はあまりいない。

「わかりました。すぐ車まわしてきます」

そういって私は駐車場へ向かい、くたびれた白のトヨタ・パブリカに乗りこんだ。車を社屋へ横付けすると待ってましたといわんばかりに山本社長が後部座席に飛びこんでくる。

「えっと、社長どちらまで」

あくまで形式上のことではあるが、確認のために行き先を尋ねておく。山本社長は面倒くさそうに早口で、短く答えた。

「寿司。いつものやっちゃ」

「はい。では、とんぼりのあっち側んトコでええんですよね」

「せやせや。あそこへ頼むわ」

会社のある阿波座を発ってすぐ四つ橋筋に入り、南に車を向けた。道頓堀へ行くなら御堂筋まで出たほうが距離的には近いのだが、そちらは交通量が半端なく、つまりは人の目も多いので、遠回りであっても一度湊町まで出てから千日前通を東に走る。到着もだいたいそのほうが早い。

「いやしかし、べっぴんさんやけ羨ましいです」

「他人《ひと》には言うてくれるなよ」

「わかっとります」

「わしはこれから寿司屋で打ち合わせするわな。ほんなら、そこにたまたま美人がおったいうだけの話や。なぁ～んにもおかしなことあらしまへん」

私も一度だけだが見たことがあった。たいへん見目麗しい女性だ。この当時、山本社長が熱をあげていた「寿司屋のおかみ」は、まぁ言ってしまえば〝モーやんのオンナ〟だった。ようは彼女に会うことが急ぎの用事というわけだ。実際はとある高級クラブのママだったわけだが、今さらにそれを深く掘り下げることはしないでおこう。

時間にして1時間もかからないが、社長と二人きりの車内というのはいろいろと話ができる場だ。こちらは秘書ではないので四角四面な応対をする必要もない。したがって、こんなふうに即席の運転手を務めている時は、私も肩肘張らず思ったことを口にできた。

「社長。朝礼のことでちょっと言いたいことが」

「うん？　なんやら文句でもありまっか」

「いえ、不満ちゅうのではないんです。ただ、内容がいつも似たり寄ったりやけん」

当時の山善では毎朝8時半に朝礼があり、そこで山本社長が今日のひとことを話す。おそらく現在でもけっこうな数の会社で似たような取り組みがなされているだろうが、業務によって話の内容は違うとしても、たいていの人はメディアで流れてきたことや本を読んで感動したこと等々をベースに話を展開していくものと思う。ときに時事や内輪ネタなんかも交えながらだ。しかしながら、山本社長の話はまずもって自身の経験によるもの。すべて体験談に基づいてこうでなくてはいかんというようなことを喋るから、ほんとうに鬼気迫るものがあった。聞く側も他人事でないような生々しさを感じ取れたし、人生訓としてみてもわりと秀逸だったので、社員たちは山本社長が朝礼で何を話すかを楽しみにしているくらいだった。私もその中の一人だが、ひるがえって、ある点に不満を抱きもした。

「けっきょく最後は同じような意味やったりしませんか。山本社長が話されることはしんけん面白いし勉強にもなりますけ、できたら私としてはもっともっと新しいこと聞いてみたいち思うんですけど」

「清家、あんたはそう感じるかもしれへん。しゃあけどな、ものごとを徹底しよ思《おも》たら1回2回ではあきまへんわ。それこそ100回から言うてやっとこさできるようになるもんや。わしがいっつも同じような話を繰り返しとるんは、そういうこっちゃ」

思いもよらぬ答えにハッとした。気に入ったエピソードを繰り返していたわけでも、他に話すネタがなかったわけでもない。山本社長は明確な意図をもってわざとそうしていたというのだ。なるほどと大いに納得し、私はルームミラー越しに賞賛のまなざしを向けた。山本社長の方はとくに講釈を垂れたという意識でもなかったのか、すでに心ここにあらずといった感じで私の視線には気づかぬまま繁華街を見つめていた。フロントガラスで仕切られた人混みに気をとられている様子だったが、あるいは単純に、じきに会える寿司屋のおかみのことで頭がいっぱいで、そちらに心を奪われていただけかもしれない。

ほどなくして目的の場所に着いた。「ありがとさん。ほな」と片手をあげて車を降り、雑踏の中しだいに小さくしぼんでいく山本社長の後ろ姿を見送りながら、私は決意を新たにした。いつか貴方に並んで恥じぬだけの商売人になってみせますよ、と。

山本社長から教わったことは多い。いや、学び取ったと表現すべきだろうか。いつの日か社長になるという気持ちをずっと持ち続けてきたせいもあり、私は機会があるごと、優れた経営者の一挙一動をつぶさに観察し、そのノウハウを吸収するよう努めていた。とはいうものの、多くの人がそうだと思うが20代のころなど会社の仕事でいっぱいいっぱい。目の前にある案件に対して一生懸命に取り組むことが最優先事項だった。具体的に会社を興すための方途を探りだしたのは三十路を迎えてから。30歳をひとつの節目として、独立の夢がいよいよ現実味を帯びてきたわけだ。もちろん山善で仕事をきちんとこなしながらだが、時宜を得られれば行動に移そうか、さてどう準備したものか、そんな考えを巡らせていた。

こうして当時を思いながら筆を執っていると、山本社長が社員に向けて「とにかく目的を持て」とつねづね檄を飛ばしていたことが昨日のことのように思い出される。

「目的あったら仕事は面白うなるもんや。面白いて思たらなんや知らんけど勝手に成績も上がるで。成績が上がるいうたらつまり会社の業績も良うなるいうこっちゃわな。ほんなら目的もなく仕事しとったらあかん。会社終わって家にまっすぐ帰っとったらあきまへんで。頭切り替えて遊ぶときは遊びや。友達もたくさんできまっしゃろ。そないしとったら、あんたらの視野もどんどん広がるよってに」

昨今、ビジネス関連の書籍にはしばしば似たようなことが書かれている。自宅と会社の往復だけでなくもう1カ所プラスして三角形を作れだとか、文言はそれぞれ違うが、どれも要旨は同じ。目的や趣味のある人生を送れということだ。仕事はとかく真面目にせよという社長も世間には多いかもしれない。確かにそれも大事なことだろう。しかし私はどちらかというと山本社長のような考えに賛意を示したい。だから「あんまり真面目ばっかりじゃいけんよ」というのを、100回とまではいかなくとも、うちの社員たちにはしょっちゅう言って聞かせている。

そんなわけで私の考えかたはまずまず社内に浸透しているはずだ。あわせて、経営者となってからは「1回言ったら覚えておけ」だの「前に言っただろうが」といった類の叱責などさだめて古臭いと感じるようになった。若い世代にそんなやり口は通じないのだ。昔も今もそこは変わらない。たった1回言うだけで完璧に理解してくれるなら互いに幸せだろうが、そりゃ到底無理な話。相手の腑に落ちるまで、納得するまで、幾度となく言い聞かせるのも上司や先輩の役割ではなかろうか。そこのところを1回で済ませようとするのは、面倒だからと責任放棄するに等しい行為だろう。人を育てる途中で投げ棄てるようなことだけはしたくないものだ。

環境の激変が一番のビジネスチャンス—復興支援を会社の成長に繋げる

昭和34年9月26日。伊勢湾台風により名古屋市〜三重県の沿岸部が河川の氾濫により水没、また、海沿いにあったほとんどの建物が水害に遭った。伊勢湾台風は戦後最悪の被害をもたらした台風で、昭和の三大台風にも名を連ねている。死者は5千名超。あれはほんとうに痛ましい災害だった。

名古屋から三重の四日市あたりの海岸部は中部工業地帯といって、トヨタをはじめ多くの企業が工場を持っていた。それらも台風によって甚大なダメージを受けた。押し寄せる高波と河川の氾濫により、２ｍを超える洪水が襲ってきたためだ。そして海岸地区に建つ工場群がことごとく水に浸かって、もう全滅。さまざまな設備、機械、細かな部品や備品に至るまで全部が駄目になってしまった。

ちょうどその頃、私は三重県の業務担当だった。業務担当というのは要するに営業マンのサポートをする役割。営業マンたちは基本的に得意先を走り回っているから、お客さんから電話がかかってきてもほとんどのケースにおいて担当者不在となってしまう。そのようなときに応対するのが業務担当の仕事だ。受注、価格問い合わせへの応対、在庫確認など、それらいっさいを営業マンに代わって行なう。ピンとこない人のために補足しておくと、昭和におけるビジネスの基本は電電公社の固定電話を使ったやりとりだった。ジリリと鳴るのは丸いダイヤルの黒電話。スマホも携帯電話もメール通信も、当然ながらＦＡＸすら、まだ何ひとつない。ゆえにただの電話番というものではなく、得意先と営業マンを繋ぐのには欠かせない大事なポジションだった。

台風被害で街は壊滅し、工場も機能しなくなった。「とにかく早く復興したい」と誰もが願った。私だってその一人だが、いかんせん、仕事上ではたいへんな思いをした。この工具が欲しいあの機械が欲しい、機械を拭くウエス（布きれ）が足りないと、引きも切らさず電話が掛かってくるのだ。それらの注文を私が一手に受けるわけだから、日々増えゆく仕事量に目が回る思いだった。パンクしそうなほど忙しかったが、ここが頑張りどころ、正念場と捉えて発奮した。品物さえ用意できれば飛ぶように売れていく。これは商売としては願ってもないこと。夢のような状況だ。だから私は不足しがちなものを「優先的にうちに入れてもらえませんか」と仕入先に頼み、どんどん確保して、お客さんからの問い合わせにいつでも「ハイ！　用意してございます」と応えられるよう備えた。

こうした流れで、機械や工具、木材からウエスに至るまで幅広い商材を扱っていた山善、とりわけ名古屋地区の業績はうなぎ昇り。売上げは約3倍にまで急増した。不思議なことに一旦そうやって商品の販売ルートが確立すると、災害による傷が癒えても注文が途切れることはなかった。

何を言わんとしているか。たしかに災害は悲しく忌むべきものだが、商売人にとっては大きなビジネスチャンスにほかならないということ。災害だけではなく超インフレやリーマンショックによる不況などもそう。そこに活路を見いだせるか否かが分かれ目となる。近年でいえば東日本大震災からの復興事業。あれにうまいこと乗っかった業者は大儲けしているはずだ。

不謹慎なことを言う、と気分を害した方もあろう。けれども、私は断じて「他人の不幸は蜜の味」などと悪徳商人よろしく勧めているわけではない。世間にどのような暗雲が垂れ込めようと、悲しんでばかりいても前には進まないのだ。求められているものを潤沢に供給できる能力があるならば、全力でそれをすべきだろう。動いたぶんだけ復興の手助けとなり、すなわち商売へと繋がっていく。私はそういった現実をこの時に学んだ。

松下電器・ナショナル製品の販売担当責任者に

山善で働き出して6年目の昭和37年。私も24歳となり、ようやくひととおりの仕事をこなせるようになってきたころ。いつものように業務関連の書類を作成していると「清家さん、山本社長がお呼びですよ」と後輩に声をかけられたので、おもむろに席を立った。忙しい時間帯だ。目の前の作業がひと段落してから、という考えが脳裏をよぎったが、よくよく思い返してみると些末な用であれば山本社長のほうからやってくるのが常だった。部屋を後にして寸刻、わざわざ呼びつけるくらいだからそれなりの要件だろうとあたりを付けた私は、いくぶんか歩を速める。

社長室に入ると、こちらの姿を視認した山本社長が開口一番、

「清家ェ！　わしな、昨夜《ゆうべ》、幸之助さんに会《お》うてきたんや」

と嬉しげに報告してきた。それを伝える前にいろいろと説明することがあるんじゃないかしらと面食らいつつも、私はふと思い浮かんだことを口にしてみた。

「幸之助さんっち、あの松下氏ですか。ナショナルの」

知り合いにもおらぬ名前を前置きなく話に出されると、普通は戸惑うものだ。場合によっては何の話ですかといくつか質問を繰り返すはめにもなる。けれどもこの〝幸之助〟なる人物に関しては容易く連想できたので返答に逡巡することもなかった。

松下幸之助氏については細かく説明するまでもないだろう。かの松下電器産業株式会社（現：パナソニック株式会社）をたった一代で築きあげた経営の鬼才だ。現在は社名と同じ「パナソニック」ブランドに商標が統一されているので耳慣れないという方も多いかもしれないが、私くらいの世代で松下と聞くとやはり「ナショナル」のイメージが強い。電気製品は家庭用だろうと業務用だろうと明るいナショナル。その名は昭和という時代のまごうかたなきトップブランドという認識とともに記憶に刻まれている。

「せや。ほんでな、これからは山善でナショナルの商品を直《じか》に売ってもろて構《かま》へんちゅうことに決まったんや。松下から直接モノを仕入れてやで。まぁ、ええ話ではあるんやけど、ちょっと、なぁ……う～ん」

そこまで話して山本社長が言いよどむ。続く内容はどのみち決めてあって、ここらがちょっとした演出なのだろう。それを察した私は「なんぞ難癖でも付けられちょるんですか」と、こちらから糸口を探って会話を急かした。なにぶん、わがデスクには今日中にやるべきことが山積されているのだ。

「いやいや。そない大袈裟なことやあらへん。あちらさんから注文があったんやわ。山善がナショナルの商品を売るんやったら、それ専門に取り扱う人間を一人付けてくれちゅうて。せやさかい、ぼちぼち考えといたって」

「考えろとおっしゃいますと？」

「清家ェ……その担当をあんたにした、言うとんねん」

情けなさそうな表情を作って山本社長がぼやく。それくらいのこと汲み取らんかいといったところだ。しかしながら目だけはニヤニヤと笑っていた。

山善はそれまで仕入関係にかぎっていえば松下との直接取引はゼロ。松下もモートルや溶接機など機械工具の一部にかぎらず幅広く製作していたから、ある面で商材が競合していたわけだ。したがって、これは会社にとっても大きな商機となりうる。こんな風に山本社長がご機嫌だったのもうなずけよう。

そんな流れで翌38年、清家謙次25歳。山善で扱うナショナル商品の専任に抜擢される。肩書きは販売担当責任者となった。世に聞こえた松下との折衝あれこれ及び商品の営業を私が一手に引き受けることになるのだ。相手にとって不足などあろうはずもない。

いざ取引を始めてみると、松下側もこの案件における担当者を用意していた。紹介されたのは森下さんという私より四つ年上でちょうど三十路にさしかかる働き盛りの男だった。見るからに敏腕営業マンといった感じで、四角い顔に四角い眼鏡、黒々とした髪をきっちり8対2に分け揃え、恵まれた体躯で背も高い。なんでも元スポーツ選手だったそうで、大学バレーボール部の主将としてチームを全国優勝に導いた実績を買われ、運動選手採用枠で松下に入社したという。

業務としてはナショナル・モートルや溶接機の営業から始めた。まず、森下さんと一緒に販売について様々な打ち合わせをし、どのような戦略で売っていくかを詰めていく。ときには「森下さん、あんたも一緒に来てくれ」と姫路や広島などあっちこっちの得意先に連れ歩いたりもした。私といえばこの大一番に「よ～し、やってやるぞ！」とたいへんな情熱を傾けており、また、ひどく楽しんでもいたから、いきおい同行営業を頼んでしまっ

営業部係長時代、山善大阪本社玄関にて

たわけだ。あちらは山善から給料をもらっているでもないし、もちろん私の上司でもなく、商材の製作元ではあるがよくよく考えれば直系でも系列でもない他社の人。それをやれ出張だ打ち合わせだと引っ張りまわしていたのだからたいした肝っ玉だと自嘲しきりだが、とはいえ私が売れるものはナショナル商品だけ。なりふり構ってなどいられない。

しかしいつだって森下さんは嫌な顔ひとつせず同行を快諾してくれた。私たちは年齢も近く、また、お互いにそれまで営業畑で苦労してきたこともあり、非常にウマが合った。ちょくちょく酒を飲みに行ったりサウナで汗を流したりしながら、松下と山善の相違点や考え方について話したものだ。レクリエーションがそのまま情報交換の場となっていた。振り返ってみると他愛もない世間話がほとんどだろうが、やはり一旦仕事に関して語りだすと二人ともわれ知らず熱くなってしまう。ああでもないこうでもないと歯に衣着せず議論を交わしたことが、しみじみと、懐かしく思い出される。

その森下さんは平成28年の暮れ、世を去られた。82歳だった。かつて苦楽を共にした方の訃報に接し寂しさを禁じ得ないが、ほんとうに立派な人生を歩んでこられたと、思う。松下の第5代社長、そして同社の会長を務め、長きにわたって日本の経済界を引っ張ってきた大人物――森下洋一氏に、謹んで尊敬と哀悼の意を捧げたい。

回収・支払いの厳しさを学び、実行

奇しくもナショナルの専任担当を任されたことで、私は競合他社ともいえる松下からたくさんのことを教えられた。おおざっぱに捉えれば、創業者の松下幸之助氏の商売人としての心構えであったり、手腕であったり、そういったものは森下さんを通じて学んだといえよう。

松下のやり方についてだが、じつは私の会社経営にそっくりそのまま反映させていることがある。〝現金決済〟だ。あのころ松下の集金は厳しかった。とはいえ、それにもまして支払いが良かった。売上はできるだけ現金で回収し、仕入れる商材の代金もきっちり現金で支払いを済ませるのが松下の流儀だった。当時は日本経済の大復興期であり、金の動きも相当なものだったから、しぜんと約束手形が主流になっていた。しかし松下にかぎっては、手形があたりまえの取引であろうとも、できるだけ現金か、もしくはそれに近いかたちで集金・支払いをする。私の実例でいうなら、ナショナルの商材を大量に仕入れた場合など、手形を切ろうとすると「この手形だと支払期日が長いからもっと短くしてくれ」と渋い顔をされたり。ひるがえって、山善の品物をあちらに売ったときはどこよりも早く支払いを済ませてくれた。

私は商売の基礎を山善で、実践的な部分を松下から学んだ格好だ。売ったものはできるだけ現金に近いかたちで着実に集金する。そのかわり、買ったものはきちんと現金で払う。こうして会社を興してからも私はそれを滞りなく実行してきたし、また、それが商売の本来あるべき姿だろうとも思う。よって、大口仕入先の商社から協力業者まで12年前から〝オール現金払い〟を打ち出し、こちらも大成功。いろいろと世知辛い世の中になってきたこのごろだが、そういった状況下でも仕入先が喜んで協力してくれるようになった。ちなみに、セイワパークでは毎月3億円にのぼる仕入れがあるわけだが、それらはオールキャッシュで月々きちんと支払いを済ませている。そうすると工事業者もうちと仕事がしたいと言ってくれるように。昨今はどの業界も人手不足が深刻になってきているようだが、うちの場合は支払い額をきちんと翌月に振り込んでいるから「セイワパークと仕事を一緒にしたい」という業者が増えている。

会社勤めをしていたころ、起業するからには絶対に会社を潰さないぞというのが私の決意だったので、件の松下流はたいへん参考になった。なぜならおよそ会社の経営破たんというものは手形の発行に起因するからだ。

極端な話、手形を切るその行為がのちに倒産へと繋がっていく。現金取引なら支払いが遅れたとしても、そのことが直接引き金となって会社が潰れることはない。何故か。倒産とはすなわち手形不渡りを出すことだからだ。もしも手形交換所から「この会社が発行した手形は不渡りとなりました」と発表されるようなことがあれば、もはや信用無しと見做され、銀行取引の停止処分などを受ける（一般的には6カ月以内に2回の不渡りを出した場合）。そうなるともう現実問題として事業の継続は難しくなる。したがって会社経営における一つのキーワードは、資金ショートを起こさぬよう収入の範囲内でやりくりすること。そうしたら手形を切るケースも少ないだろうし、ひいては、内部留保があるままに倒産などといった憂き目に遭うこともない。

二つ目は、格好をつけず、派手にはせず。やっぱり地道にいこうという姿勢だ。いっそのこと手形というか手形用紙自体を持たないのもいいだろう。要するに受取手形の裏書で支払う。あとは現金での取引に徹するのだ。

私が今こうして「会社の資金繰りをピンチに陥らせない」「金銭的な面で社内外から信用を得る」方法で経営をうまくこなせているのは、山善だけではなく松下と一緒に、それもかなり密接に仕事をした経験があるからだと思う。したがって、ナショナルの販売担当責任者となったあの時が、私自身にまたひとつ大きな人生の転機が訪れた瞬間だったといえよう。

第1章
立体駐車場でつかんだ事業の基盤

39歳の脱サラ—数多くの友人に支えられ

昭和53年2月1日、かねてよりの念願叶って起業。私は39歳になっていた。設立時の社名は清家の〝清〟と平和の〝和〟をとって「清和機器」としたが、機器というのは〝機械・器具〟の略だ。何でも扱いますよということで、この名を付けた。

先に起業していた友人曰く、成功したいのであれば30歳代までに会社を興さなければ駄目とのことだった。体力が必要だ、社長に休暇などないと思え。常々そう噛んで含めるように忠告されていた。至極もっともなことと思う。しかし私は39歳と3カ月で独立したにも関わらず、世間的にも成功したとみなされる業績を残すことができた。これもひとえに山善という大商社で経験を積めたこと、くわえて、妻をはじめ周りの人々の力添えがあったおかげと感謝しきりだ。

山善での20年はまさにたたき上げの軌跡だったといえよう。倉庫整理から始まって営業補佐、ナショナル商品の販売担当責任者を経て不動産などの各部門長、最後は建設課長を務めるまでになった。そうして機械工具はもちろん、鉄工所との取引、住宅関連なども含めあらゆる方面での取引を通じて経験を積んだため、著しく視野を広げることができた。

どんな商材であろうとも精通しているという自負があった。したがって起業してのち、どのような方向で商売をしたらいいか、その目星はあらかた付けていた。

起業まもなくは操業の難しい時期となるものだが、清和機器の場合、うまくスタートを切れたと思う。これは山善時代に縁があった熊本の大坪建設工業に助けてもらえた部分が大きい。土木工事をメインに自前で採石場も持っている大坪建設が、その建築資材や破砕機、工具・部品などを清和機器に発注してくれることとなったからだ。私が大坪社長と個人的に懇意になっていたのは事実だが、しかし単純に友達だからご贔屓にというわけではなく、これにははっきりとした理由がある。

きっかけは些細なことだった。山善の課長をしている時、ちょうど大坪建設が事業面で苦境に陥っており、その原因は貧弱な工場設備にあった。最新のものを用意するとなると2000万円が必要だという。そこで私が提案をもちかけ、肥後銀行と10年リースを組んで成約。おそらくこれが山善のリース販売の始まりかとも思う。ともかく、思いのほか大きな成果を上げて大坪建設はかなりの利益を得、経営を立て直すに至った。そういう経緯があって大坪社長が「清家さんのおかげで会社が救われた。今度は私があんたを助ける番や」と、設立まもない清和機器に注文を回すよう手配してくれたのだ。また、資金が必要な場合はお金を出すとまで言ってくれたのだが、そこは私の性格からして意地でもお金は借りなかった。

当初は人手もまだ少なく、私と妻、そして女性の事務員が1人。大坪建設との取引があれば3人を養うのには十分だった。そういうわけで、大坪社長の計らいによって経営はまずまず安定した滑り出しとなり、先の展望も開けていた。松下のくだりで少し話したように、私は会社を作るからには絶対に倒産させないぞという強い意志を持っていたから、その意味においては肩の荷をおろせた気分だった。

妻・紀子のおかげで

ここで妻についても話しておきたい。今日の私があるのはまちがいなく妻のおかげだ。最良の伴侶であり、経営のパートナーでもある妻・紀子とは山善時代に知り合った。

神戸のお客さんのところへ営業に伺ったさい、そこで従業員として勤めていたのが紀子だった。そのころ神戸地区を私が担当していたこともあり、次第にお互いの仲を深めていった。そうして昭和38年10月27日、大阪市南区の結婚式場・高砂殿にて結婚。仲人を買って出てくれたのは山本社長夫妻だ。清家謙次25歳、妻・紀子は私より2歳下なので23歳のときだった。

手前味噌ながら、紀子は実にすばらしい女性だと言いたい。人に対する思いやりがあり、相手が誰であっても正直につき合い、狡《こす》からい駆け引きなどは一切なし。嘘を嫌い、それでいて私の嘘は見て見ぬふりをしてくれるような、そんな性格だった。だから女遊びがバレても手厳しく追求するようなことはせず——とまぁ、こんなご時世に声に出して言うのは憚られるが、とにかく私の好きなようにやらせてくれた。山善を辞めるときも「あなたがそう決心したのであれば反対はしません」と不平不満の一切を漏らさなかった。

山本猛夫社長の媒酌により結婚

商社の課長といえばもう、日々の生活に困らないだけの給料をもらっているものだから、その身分をあっさり捨てるとなれば妻としては心配だろう。ところが紀子はしたいようにしなさいと言う。慎ましやかなわりには芯の強いところが案外、ある。

いわゆる働き盛りの年代である30~40代のころは、私は毎晩のように福岡の中洲界隈を飲み歩いて朝帰り（当時、山善の建設部門が福岡にあり課長として就任)。会社勤めのころのボーナスも家に入れずに飲み屋へ渡すような生活だった。ところが、紀子はこれについてもほとんど文句を言わなかった。ただ、ひとつ弁解させてもらえれば、そういった飲み仲間との交流が起業および会社経営にとってプラスに働いた面も随分とあるのだ。そうであっても、常識から考えてよくこんな私について来てくれたものだなと舌を巻く。

そんな紀子は、会社経営のパートナーとしても大いに私を支えてきてくれた。穏やかな性格ながらしっかり者の一面もあり、たとえば会社の20周年記念やらの行事関連では、微に入り細をうがつ気配りで来賓を接待していた。創立から40年間ずっと監査役として活躍し、さらに経理部長を兼任していたため銀行とも親密。もはや金融機関とのやりとりもお手のものだった。

新婚旅行

昔も今も紀子とは家でいろいろな会話を交わしているし、旅行も毎月のように一緒に行く仲だ。私は新しいものが好きだが、それはつまり、自身の知識の外にあるものへの興味と言い換えられるかもしれない。未知の世界が見たいという欲求がいつも心のどこかにあって、旅行で知らない土地、場所を訪れるのはそれを満たす最たるものと考えている。ちなみに旅先では景色の良さに感動したり、醸し出される情緒に浸ったりして過ごすのだが、紀子もまた、私と同じようにして楽しんでいるようだ。私たちはきっと似たもの同士なのだろう。

分譲マンションで会社に大損害

山善を辞めた経緯についても、もう少し話しておく必要がありそうだ。結論からいえば、円満退社だった。私の視点からは大失敗をして会社に多額の損害を与えてしまい、責任をとるためみずから職を辞すというかたちになる。俯瞰してみると会社の意向どおりに取り組んだ事業がコケたさい、その責を引き受けて辞職したようなものだ。山善が手を出した不動産事業が裏目に出たわけだが、そうは言っても実行したのは私だ。ならばやはり、通すべき筋は通しきらねばならない。

山善で私が最後に所属していたのは福岡支店。建設部で課長職に就いていた。分譲マンションをはじめとした不動産関係を扱う部門だ。

昭和48年から始まった〝第一次石油ショック〟により、翌年にはトイレットペーパーなどの奪いあいが起こるなど、物価が30~50%もアップした。この時、大阪本社から今が商機とばかりに焚きつけられた。何をおいてもインフレが一番儲かる。とりわけ福岡の住宅・土地取引などは魅力的な風が吹いていた。やけに景気がいいということで、時流にのって山善も分譲マンションを売ろうということになった。そういった経緯からちょうど建設課長だった私に白羽の矢が立ったというわけだ。私は商売に対して前向きなほうだから「よし!」と早速あちらこちらに土地を取得し、次々とマンションを建設していった。

ところで分譲マンションというものは計画してから完成するまでに短く見積もっても2年はかかる。昭和49年に着工するとちょうど完成時期が昭和50~51年になるのだが、これが厳しい事態を招いた。起因はやはり例のオイルショックだ。日本経済も影響をモロに受け、これを境に日本銀行による強力な金融引き締めが始まってしまう。昭和50年から公定歩合を大幅にアップ。日銀によって意図的に通貨供給量が減らされたため、各銀行もこぞって資金不足に陥った。投資・信託部門にお金を回すことができなくなったのだ。分譲マンションの購入となるとほとんどの顧客がローンを組む。しかし銀行側は資金繰りが悪化しているものだから、おいそれとは審査を通さない。いわゆる貸し渋りというやつだが、その結果、お客さんは購入意思があるのに買えず、こちらとしても売るべき品物が用意できているのに売れないという歯痒い事態に陥った。

景気の良い時に計画・着工してから約2年。いよいよ建物が完成して、さぁこれからバンバン売るぞといった段になってひどい逆風へと転じたわけだ。このときのオイルショックが呼び水となって世界的な経済停滞が始まり、それは昭和51年~53年あたりに尚更ひどくなって、世間はまさに不況そのもの。私も宅地建物取引主任の資格を取得するなどして万事に備えてはいたが、もはやマンションなどの不動産はまったく売れない世相となってしまい、完全にお手上げ状態だった。

こうした理由から山善における分譲マンション事業は大失敗。会社には相当な迷惑をかけた。商売が計画どおりにいかず、損害額は目をそらしたくなるほど甚《はなは》だ大きい。２億円超の赤字を出し、私は会社の皆に申し訳ない気持ちでいっぱいになった。

他人のせいにするつもりはないが、日銀の動きがあと一年遅ければあるいは、といった忸怩《じくじ》たる思いが正直、残る。計画段階ではこれほど強力な金融引き締めがあることを知る由もなかった。山善の誰も、あの山本社長でさえ、つゆほども想像していなかったろう。

辞めよう。すべての責任は私にある。

そんなことばかり考える日々だった。むろん、私が退職したからといって何ら変わりはしない。山善のこうむった損害をこの首一つで埋められるわけでもないし、急にマンションが馬鹿売れするようなこともなかろう。しかしそれでも、担当者が責任をとって辞職すれば社内外いずれに向けても格好はつく。

ど阿保《アホ》！ ちゃんとケツを拭いていかんかい

昭和52年の年明け早々。意を決した私は辞表を懐にしのばせて山本社長のところへ向かった。もう顔も見たくないといわんばかりの憮然とした態度で受け取られるか、はたまた、それをおくびにも出さず今までご苦労さんと慰めてくれるか——いや後者はないな、などと間口広く思いを巡らせつつ歩く一分一秒は、いつもより長い。

ところが山本社長の反応はどの予想にも当て嵌まらなかった。「退職願」と表書きした白い封筒を机に差し出しても、それを胡乱《うろん》げに眺めるばかり。ようやくにして山本社長が口を開いたのは、壁掛け時計の秒針が1周したのを私が計測した後だった。

「清家ェ……おまえ、何やぁ？　これ」

「辞表ですが」

「いやそら見たらわかるがな。どんなつもりで出しとるんやて聞いてまんねん」

「はい。このたびは私の力が及ばず、会社に甚大な損害を与えてしまいました。ご迷惑をおかけしたこと、たいへん反省しております。つきましては職を辞してその責を――」

「ど阿呆」

あきれた、という顔と声音で私の弁を遮った山本社長は、そういえば叱るのを忘れていたとでもいう風に、続く言葉へ怒気をはらませた。

「責任どうのこうのちゅうて偉そうなこと言うんやったらな、ちゃんとおのれのケツ拭いてから辞めんかい。わしゃあ、こんなもん受け取りまへんで！」

というわけで、私が人生で初めて書いた辞表はスッパーンと突き返された。刹那、せっかくの気持ちを無下にされたように感じもしたが、冷静に考えれば山本社長の言は至極ごもっとも。私はすぐさま考えを改め、襟を正した。

「思い至らず申し訳ありません。清家謙次、これよりは、やり残した仕事にしっかり全力を以てあたります。売れ残りのマンションをかならずや完売いたします」

現在でも責任を取って辞職あるいは辞任というフレーズをメディアにおいて頻繁に耳にするが、果たしてどうだろうか。個々人の処世術としては優れたものかもしれないが、帰するところ方便にすぎないようにも思う。辛辣な見方をすると何もかも放り出して逃げるに等しい行為だ。いっそのこと「やらなきゃいけないことは丸投げしてサヨナラします」とでも言い放ってくれるほうがよほど清々しい。

話が妙な方向へ逸れたが、なにはさておき私は前向きに対処法を考えた。現状はたしかに厳しい。さても分譲マンションという商品それ自体が腐ったわけではなかろう。現に、お客さんの多くは欲しがっている。ただローンが組めないせいで見送っているだけなのだ。ならば、どこに問題があるかは誰の目にも明らかじゃないか――。

それからというもの、私は成約のためお客さんたちがローンを組めるよう奔走した。あちらこちらの金融機関に頭を下げてまわった。農協（ＪＡバンク）にまで足を運んだ。件の金融引き締めがあってからも農協にはまだ若干お金があったので、とにかくローンを組んでくれないかと懇願した。もはやお客さんとの商談は二の次で、まず各金融機関に相談、営業をかけてまわっているような毎日だった。

恨み節となってしまうが、ついでに話しておくほうがわかりやすかろうと思うのでここで述べておく。じつをいうと、景気がどうあれ片っ端からローンを跳ねつけられるような状況は、本来ならば起こりえないはずだった。これら一連の困りごとは私というか山善が取引銀行に一杯食わされたせいなのだ。

元凶はそのころ山善の主力銀行だった大和《だいわ》銀行。りそな銀行に今はなっているが、当時それなりに名の通った銀行だった。都市銀行としては下から数えて2番目くらいの規模でしかなかったのに何故それほど有名だったかというと、都銀で唯一、不動産部を擁していたから。要するに信託部門が存在していてそこが山善の主力銀行になっていたわけだ。

ある日、大和銀行の支店長が「良さげな土地があるので、分譲マンションをやってみませんか」と話をもちかけてきた。マンションを売るとなるとこちらとしては当然、住宅ローンなど諸般のことはどうなるのかを問う。すると「ご心配にはおよびません。当行（大和銀行）がすべて責任をもって融資を承わります」と言うのだ。口約束とはいえ、お互いの関係性を鑑みれば反故にされるなどとは夢にも思わない。それなら是非やろうと稟議《りんぎ》をとって着工し、そこで昭和49年からの金融引き締めに遭った。すると大和銀行は手のひらを返して貸し渋りはじめたのだ。もちろん私は文句をぶつけた。責任を持つと言った以上はちゃんとお客さんのローンを組んであげてくれと。しかし、わかりましたと返事するその舌の根も乾かぬうちに支店長がひょいと代わって、もはやローンを組む資金などいっさいありませんと逃げ口上をのたまう始末。

大和銀行のほうからあれだけこちらを焚きつけておいて、土地を買わせ利益をがっつりと上げ、いざマンションが完成し販売開始となったら約束をすっぽかす。まさに上りきったのを見届けてから梯子を外すようなものだ。怒り心頭に発すとはこのことで、私はもうどうにも憤懣《ふんまん》やるかたなし。けれど愚痴っていても事態は好転しないので、そこはきっぱりと頭を切り替え、他の金融機関を頼ることにしたのだった。


最初の退職願いを突き返されてから約半年が経ち、凡《おおよ》そ残っていた物件の販売にも見通しがついてきた。そこで、ようやくにして会社から退職の許可がおりた。宵のうちからちょいと早とちりにさざめく虫の音が、もう夏も終わりだと告げていた。

そして年が明けて昭和53年1月。清家謙次39歳、高校卒業から21年間務めあげた山善を円満退社することとなった。

山本社長の檄がきっかけとはいえ、最後まで礼儀を尽くし、本当の意味での責任をとることができた。自身の失敗を補填はできないまでもきれいに整理して辞めるのが功を奏してか、おかしな話、引き継ぎや申し送りなども滞りなく行なえた。何のしがらみもなく退社することとなったわけだ。これはほんとうに良かったと常々思う。会社を辞める時はやっぱりしこりを残してはいけない。というのは、新しく自分で会社を立ち上げるにあたって円満退社はきわめて便益を与えてくれるものだからだ。はじめ辞表を書いた時にはそこまで気がまわらなかった。あの場で山本社長に諭されて、結果、あとで存分に思い知ることになった。やはり長年勤めた会社には同僚たちはもちろんのこと、取引を通じて縁を結んだ知人や友人、そして商品の扱い等々、いろんな面での繋がりがある。もし喧嘩して辞めようものならそれらすべてがぷつりと切れてしまう。

「尻拭いをしてから辞めろ」と声を荒げた山本社長は、部下の失敗を叱ったわけではなかった。むしろ汚名返上できるよう発破をかけたのだろうと推量される。じっさい、身を処すじゅうぶんな期間を私に与えてくれたし、立つ鳥跡を濁さず、おかげで何ら気おくれすることなく職を離れることができた。

もしあの時に「はいそうですかぁ」とあっさり辞表を受け取られていたら、そして、逃げるように山善を去ったとしたら、私の人生はどうなっていただろうか。正直、あまり想像したくはない。

起業家として──仕事と遊び、双方で得た人脈を活かす

私の考える〝起業にあたって大事なこと〟を少し別の観点からも述べよう。それは協力者の存在如何《いかん》で独立がスムースにいくかどうかがまったく違ってくるということ。別の言い方をするなら、起業家にとっては豊富な人脈こそがやはり必要不可欠。この先いつか自分の会社を創るぞといった志のある人は、自身のまわりに今どんな〝人物〟がいるか、また、どう付き合っていくか熟考されたい。

さて、私の進退についてだが、昭和52年の秋に山善を辞めることが正式に決まった。ここに至ってこの先どうしようかと悩むようなことも一切ない。いよいよ会社を興す時が来たのだと思った。したがって、他社から「ぜひうちに来てくれ」という声もそれなりにかかっていたが、すべてお断りした。この時山善はもう大商社の仲間入りをしていたから、つまるところ、私が持つ山善流の営業ハウツーを手に入れようというのが彼らの本音だったかもしれない。

いざ会社を作るにあたっては、やはりいろいろと準備が要る。当然まとまったお金だって必要だ。私は資本金を300万円くらいに設定しようと考えていたので、そのあたりを

友人たちに相談してみた。すると付き合いのあった方々が「清家さん、私も応援するよ」と30～50万円のお金を出してくれた。そうこうしているうち予定していた３００万円をゆうに超える金額、５００万円以上が集まってしまい、一部の人に奇妙なお断りをいれ減額をお願いし、５００万円の資金にまとめた。どうか30万円までにしてくださいと。

べつだん自慢するわけではないが、私はわりと友達が多いタイプの人間だ。山善時代からずっと付き合ってきた気のおけない人物がまわりに沢山いて、そういう連中が会社設立にさいしてもあれこれと世話を焼いてくれた。したがって、起業にあたって自分を応援してくれる人がどれだけ居るか、これが非常に大事だと身をもって実感している。なにせその多寡によっては一歩目から躓きかねない。

設立当初、株主の数は14名でスタートした。うち、山善時代の取引先８社が株主になってくれた。こうして清和機器の設立はきわめてスムースな流れで行なえたが、それを運だとか偶然だとかの言葉で片付けるわけにはいかない。たしかな裏付けがあるからだ。私は人付き合いに関してもずっと前向きに取り組んできた。気分によって撥ねつけるようなことはせず、誘われるがまま飲み歩き、魚釣りに出かけ、ゴルフ会にも参加した。もちろん仕事をきちんとこなしながら。まぁ、付き合いと称してはいるが遊びの側面があるのは否めないし、実際のところ、羽目を外して楽しんでいたのもこのさい白状しておこう。当時はまだ私も30代と若かったのでそれはもう元気の塊だった。まる1日や2日程度なら眠らなくても体力が持つわけだから、多少スケジュールが詰まっていようとお構いなし。どこへだって顔を出す。というのも人付き合いの良さはひとつ強みになりうるし、たとえば商売するのでも、誰かと手を組むのがやぶさかでない性質《たち》だから。むろん皆で協力してプロジェクトを組むこともよくやった。

フットワーク軽く交流していると顔がずいぶんと広くなって、気がつけばあらゆる方面に繋がりができていた。たとえばゼネコンだと鉄建建設や淺沼組の支店長、あるいは清水建設の支店次長、中小建設会社の社長さんたち。商社関連では伊藤忠商事・九州支社の機械課長、寿工業の所長、丸紅や松下の課長クラス。そういった知人を次々と作っていった。こうした人物との交流が独立にあたってプラスに働いた。また、こんな風に社会的な地位のある人々と面識を持っておくと、世の中を見る目もしぜんと養われる。視野がどんどん広がっていくから、やはり閉じこもっていてはいけない。仕事が終わる、自宅に帰る、毎日それだけを繰り返しているようでは独立など難しかろう。いざその時が来ても協力者がほとんど見つからないはずだ。

そういえば山善時代、伊藤忠商事の引き合いで数億円という規模の仕事をさせてもらった。ぶっちゃけた話、あちらの管理職にいた人物と縁があったおかげだ。けれどもそれだって立派な実力ではないか。人間関係の基礎を機会あるごとにきっちりと築き、維持していく。これも商売人にとって必須のスキルだと私は信じて疑わない。

設立パーティーに山本猛夫社長がご来場

そんなこんなで昭和53年2月1日に起業。最初の春が訪れて4月10日だったか、清和機器で株主や友人たちを招いて簡単な設立祝賀会のパーティーを開くことになった。場所は博多の中華料理店・八仙閣。挨拶もかねてのことだ。縁のあった方々にこのたびはこのような経緯で会社を設立しましたという案内状を送ったところ、設立したてでまだ小さく、たった3名の社員しかいない会社だったけれども、パーティーへの参加希望者は70名にものぼった。みな忙しいさなかに時間をさいて出席してくれるという。これには私も胸がいっぱいになった。

厚かましいこととは知りながら、この時、案内状を山善の山本社長宛てに一通お届けした。不参加なのは確実として、しかしながら、おそらく祝電か何かでメッセージくらいはもらえるだろうという算段だ。この前年まで放送されていたTVドラマ『どてらい男』は最高視聴率35％以上を記録するほどの人気シリーズだったから、主人公のモデルであるご本人も一躍、時の人となっていた。したがって、食事会のとき来賓にむけて山本社長の祝辞をご紹介できれば箔もつく。いやはや、したたかな面があると我ながら思う。

ところが、返信された案内状の参加・不参加の集計があらかた終わっても、いっこうに山本社長から音沙汰がない。やはり不躾だったか、もしくは配慮が足りなかったのかとやきもきしていたところ、ようやく山善から連絡があった。「やまもとやァ、と名乗る方からです」なんて取り次がれたので一瞬は怪訝に思ったが、すぐになるほどやむなしと諒し、電話を引き受けた。

「せーけェー!!　おまえんとこの設立パーティーにわしも行くからなぁ！」

出るやいなやあの聞きなれた声が受話器ごしに鼓膜をたたく。いきなり結論から告げられたので私は面食らってしまい、返す言葉に窮した。

「えっ!?　来られるんですか」

「おい。案内状送っておいて、来るんですかてどういうこっちゃ。要らんのか」

声の調子がトーンダウンしたので、私は誤解ですと慌てて取り繕ろった。なんともはや、またしても想像の上をいかれてしまったようだ。こちらとしてはご挨拶がてらといった程度の気持ちだったから、よもや本人が来るとは考えもしない。だが驚きこそすれ、これはとても嬉しい誤算だった。

「いや、びっくりしたもので。案内状は一応、お知らせのためにという感じでお送りしたんです。まさか本当にお越しいただけるとは思いませんでした。でも、よろしいんですか。最近は一段とお忙しいように伺っておりますが」

「せやねん。ほんでまた、その〝お忙しい〟におまえんとこのパーティーも含まれとるさかい、もうどな～いもこな～いもなりまへん」

投げやりな言葉とはうらはらに声は嘆いていない。山本社長が相手の反応を面白がるときの、幾度となく耳にしたあの節まわし。私にはすぐに冗談だとわかった。意訳すると「決めた以上はどんなに多忙であっても行く」となる。

山本社長の一言に思わず涙が

4月10日。八仙閣で開かれた食事会には約束どおり山本社長の姿があった。宴がはじまると皆よく酒も進み、和気藹々とした雰囲気となってくる。そうしてほどよい頃合い、誰に促されたのかどうか知らないが、山本社長がマイク片手にこんなスピーチをしてくれた。

「皆さんご存知の方も多いでっしゃろけど、清家は山善の元社員ですわな。せやからわしは彼が18歳のときから知っとります。ほんまによう働く子やった。それから21年。とにかく頑張って会社に尽くしてくれました。そらもう、辛い事かてたくさんあったやろ思うわ。ほんでも彼は今こうして自分の会社を興した。目出度《めでた》いこっちゃ。会社の大きい小さいは関係あらしまへん。社長は社長や。一番の偉いさんやさかい、これからは……もっと苦労すると思うでぇ」

どっと笑いが起こった。会場にいる人々の多くもまたビジネスの世界に生きている。どてらい商売人〝モーやん〟の演説から何か得られるかもと身構えていたことだろう。それを軽くいなされた格好となった。

山本社長は笑声がじゅうぶんに収まるのを待ってから、なお言葉を続けた。

「彼には金も無い。独立したばかりで信用も無い。取引先も無い。無いないづくしや。けど、わしが応援するからな！」

せりふ最後のところでは視線を私に固定した。その眼にからかいの色も無し。瞬間、うなじから後頭部、頭のてっぺんにかけてぞくりとしたものが走った。山本社長は〝わしが〟と言った。すなわち山善が会社として応援するというお墨付きをくれたに等しい。これには場の端々からも「おぉ」とか「へぇ」とかいう驚嘆の声がもれていた。

「今日ここにお集まりの皆さんも何かの縁や、清家のとこにはうちの商品をなんぼでも供給するよって、安心して、どんどん取引してくれまへんか。なんぞ要りような時はぜひコイツから買うてやってほしい。どうぞよろしゅう頼んます」

この後も山本社長のスピーチは話題をさまざまに変えながらしばらく続いたが、私は内容をよく覚えていない。なんと有難いことかという気持ちで頭がいっぱいだった。

噛み砕いて説明すると、会社を設立した時に一番困るのは商品の仕入れであり、これがたいてい最初の壁として立ちはだかる。信用も何もないから仕入先を開拓するところから始めねばならないのだ。注文があっても商品を用意しないことには売ることができない。だからこそブローカーなるものが存在する。ブローカーは売り手と買い手を繋ぐ役目をして手数料で儲けるわけだが、たしかにこのケースであれば信用に関係なく商品のやりとりが可能だ。けれどそんなの全然面白くない。やっぱり自身で会社を興した以上はしっかりイニシアチブをとって販路を構築していきたい。困難なことではあるが、清和機器の場合は山本社長が公言してくれたおかげでそういった序盤の煩わしさを払拭することができた。あらゆる商品に山善が対応してくれる。もはや最初の段階から仕入れに関して何の不安もなかった。タネをあかせば、それが設立当初から順風満帆なスタートをきることができた大きな要因の一つだ。

平成3年、山本社長は自身のポストをご子息に譲り、会長へと就任。それからほどなくして同年6月、そのモーレツな人生にそっと幕を下ろした。

70才という若さ。いきなりの訃報にわが耳を疑った。

ひとかどの商売人としていつの日か肩を並べたい。それを一つの目標としていたのに、ちっとも待ってはくれなかった。北御堂（本願寺津村別院）で行なわれる社葬にかけつけた私は、ただ静かに頭《こうべ》を垂れて恩人の死を悼み、胸の内で涙した。

「わしはいつも脳ミソを100％フルに使《つこ》うとるから死ぬ時は0《ゼロ》や」などと山本社長は軽口を叩いてよく笑っていたが、大意をとらえればその言葉に嘘はない。まさに生涯どんな時も全力疾走しているような、そんなエネルギッシュさを持った人だった。

この場を借りて、私が山本社長と過ごしてきた中で特に印象深かった言葉を五つ、紹介しておきたい。なお、五番目の言葉の意は後章で述べようと思う。

一. 運命は自分で切り開け
二. 有言実行で一歩でも前に進め
三. 自分を谷底へ突き落せ。そして、這い上がれ
四. 真の知恵を得たいならみずから渦中に飛び込み、体験せよ
五. 世の中すべて3《サン》：4《ヨン》：3《サン》

たとえもう会えなくとも、破顔一笑した鬼瓦のようなあの顔は、いつでも鮮明に思い出せる。そして山本社長に叩きこまれた〝自主独立の精神〟も、この先ずっと私のなかに生き続けることだろう。

「協力は求めても依存は一切なし。将来を他人に委ねるな、それは自分自身で築き上げていくものだ」

創業半年で訪れた転機—タワーパーキングの成約

清和機器は山善九州ビルという大きなビルの7階に事務所を構えてスタートした。当時の山善・福岡支店では主力取引銀行が福岡銀行の住吉支店となっていたので、それならばうちも同じ銀行でやりましょうと、ちょうど山善ビルの近所で利便性もよかったこともありメインバンクにそこを選んだ。銀行も同じ住吉支店、建物も同じ山善ビル、何からなにまで一緒だった。いくら誤魔化したり隠したりしようと企んでも、けっきょくバレたら命取り。したがって私は最初からすべてざっくばらんにして正直にいこうと決めていた。

清和機器の設立直前までは山善の福岡支店が私の職場だった。場所は同じ山善九州ビルの2階で、当時は建設課長をしていた。そんなわけで、起業したといっても勤務地がそのまま7階に移っただけなので慣れないうちはどうにも実感がともなわず、不思議な感覚に陥ったものだ。

ところで、山善九州ビルの7階には富重建築設計事務所（以下、富重設計）という会社が入っていた。私はこのように気さくな性分だから、そこの社長ともすでに仲良し。ちょくちょく出入りするような間柄だった。そうして何度か足を運ぶうち、事務所として使うには広すぎるというのがわかってきた。いかんせん間取りに随分と余裕がある。そこで冗談半分に「事務所を半分私に使わせてくれないか」と富重社長にお願いしてみた。すると驚いたことに「いいよ」と快諾してくれたので、私もお金がないものだから喜んでお言葉に甘えることにした。要するに、清和機器は富重設計の事務所を一部間借りするかたちで業務を始めたというわけだ。

しかしそれから1年半くらい経ったころ、富重設計が福岡から撤退となる。あちらはもともと大分の業者。福岡にあるのは営業所という扱いだった。大分本社と比べると業績が伸び悩み、やはりなかなか厳しいという。いよいよ事務所ごと引き払うという段になって、そういった事情であれば私が肩代わりしますよと富重社長に提言し、山善と交渉。そのままこちらでテナント契約を引き継いだ。

ちょうどこの頃に福岡の富重設計事務所で所長をしていたのが吉田文好という人物だ。彼は一級建築士であり、さらに建築のみならず土木にも強かった。私は常日頃からその才能をとても高く買っていたため、福岡を引き払うとなると身の振り方はどうするのだろうという点で非常に気をもんでいた。そこで意を決し「吉田さん、ぜひうちに来てほしい」と、いわゆるヘッドハンティング的なものを試みた。そうして彼を清和機器に専務として迎え入れたのだが、これがもう大成功だった。

立体駐車場ひとすじに方向転換

話が少し前後してしまうが、清和機器がどのようにして立体駐車場メーカーになったのか、きっかけをここで書いておく。大きな転機は設立から半年ほど経ったころに訪れた。富重設計の口利きもあって、大分市内舞鶴町に建設する立体駐車場をうちが受注することになったのだ。それまでの清和機器の業務といえば以前も述べたとおり大坪建設に建築資材やら工具を売るのがメイン。ほかには、たとえば空調機を売るなどしていわゆる商社的な動きをしていた。言ってしまえば〝なんでも屋〟だ。商売になりそうなものを手広く扱っていたわけだが、ふいに立体駐車場建設の仕事が舞い込む。それは額面1億円という大口の手合いだった。

業界における各メーカーの勢力図を見ると、当時のナンバーワンが石川島（石川島播磨重工業。現：株式会社ＩＨＩ。以下、ＩＨＩ）、2番手が新明和工業で、おそらく3番手が三菱重工だったように思う。これらが市場で大きなシェアを占めていた。以下に日精やフジテック、名古屋の宮地《みやち》鉄工所などがひしめきあう状態だ。こんな風にあらかじめ分析するにつけ、どうにもマズいと私の勘が警鐘を鳴らしはじめた。立体駐車場の仕事が決まってても下手をうつと儲けがほとんど出ないのではないか。なぜなら、たとえばＩＨＩや新明和工業や三菱重工のような大企業と、独立したばかりのお金も信用もない清和機器が一緒に仕事をするとしよう。すると対等な力関係などけっして成しえない。表面上それなりに相手はしてくれるだろうが、蓋を開けてみれば適当にあしらわれるのが関の山。まったく子供扱いに「はい清和機器ちゃん。1億円の案件が決まったから200万円あげようね。残りは我々が全部やるからこっちがもらうよ」なんて境遇に追いやり、手数料をちょいと寄越してそれでおしまい。そんな顛末になるのはもう見え見えだった。

商売というものは自身がイニシアチブを取らなければ絶対に利益が出ない。これは揺るがぬ事実であって、誰が主導権を握るかが損益の分かれ目となる。その昔、ダイエーと松下電器が商品をいくらで売るかで争っていたが、あれなどはまさしく主導権の奪いあいだ。松下電器曰く、価格の決定権は製造元の自分たちにあるという。しかしダイエーの中内氏はこれに反論、商品をいくらで売るかはダイエー側つまり小売業者が自由に決めていいものだと主張した。そういった係争がわりに長く続いた覚えがある。とどのつまり私の場合も同じ。主導権をいかにして持つかが鍵となるわけだ。

そこで目を付けたのが、駐車場は作っているもののまだ九州に実績のない名古屋の宮地鉄工所だった。タッグを組めばこちらのペースで仕事ができるだろうと考えた私は、早速ここと取引を開始。そして大分の立体駐車場はみごとに完成し、目論みどおり満足のいく利益をあげることができた。

施工にさいして大活躍したのがさきほど紹介した吉田専務だった（この時点ではまだ富重設計の社員。福岡事務所長）。彼は基礎関係から土木関連に至るまでそうとうな設計のノウハウを持っていたから、設計に関するありとあらゆることをやってのけた。これには宮地鉄工所側も、清和機器が基礎から何から手間のかかるところを全部引き受けてくれて助かるということで、お互いにＷｉｎ－Ｗｉｎの関係を築くことができたというわけだ。

立体駐車場へのしぼり込み—タワーパーキング第1号建築秘話

こうして手掛けた富士ビル（大分市）の立体駐車場がセイワパーク駐車場の取扱い第１号。案件として「設計を含めた新築工事で立体駐車場を２基。64台収容のものが欲しい」と話がきたとき、私は迷うことなく頼れる友人たちに「できるか？」と相談した。飲み仲間であり悪友でもあった伊藤忠商事の市川課長のところへ話をもっていくと、彼は宮地鉄工所の〝ミヤチタワーパーキング〟を推薦してくれた。きわめて妙案だった。これを採用したおかげで１億円の大仕事をこちらが主導権を持ってやり遂げられたといっても過言ではない。

清和機器はこれを機に経営を立体駐車場一本にしぼり込む。ミヤチタワーパーキングの九州地区総代理店となり九州全域から沖縄までを網羅し、やがては取扱量を見比べてもIHIら大手と遜色ないほどまでに業績を伸ばしていくのだった。

さて、せっかくなので第1号案件についての詳細を記しておく。

富重設計が大分本社のほうでビルの新築工事設計を受注した。これが富士ビルだったわけだが、建物の一角に64台を収容できる立体駐車場を組み込むようにも依頼があった。1基につき32台の立体駐車場だから2基で64台。富重社長のご厚意から駐車場部分の施工を清和機器のほうで担当させてもらえることになった。

設計については富重設計に下請けというかたちでやってもらった。なにせ同じ部屋にいるものだから話が早い。それに図面を描くのはあの吉田専務（所長）だから安心して任せられる。そんなわけで、富重社長から「駐車場メーカーはIHIはじめいろいろとあるけど清家さんどこのメーカーを設計に組み込もうか」と訊ねられたとき、私は「ぜひこのミヤチタワーパーキングを設計に組み込んでほしい」とお願いした。こちらの手数料つまり儲けが大きいからと。宮地鉄工所はまだ知名度がさほど高くなかったのでパワーバランスが取りやすかった。ＩＨＩや新明和、三菱なんかの大手とは勝手が違う。

こういったことで私の意向を伝え、図面に組み込んでもらった。設計図がメーカーに宮地鉄工所を指定していたら建設会社はもうそれに従わざるを得ない。仕掛けをばらすと、施工するにあたって他のメーカーに代替しようとしても寸法の取り合いがまるっきり変わってくるからだ。これが私と伊藤忠商事・市川課長の秘策だった。主導権を建設会社に渡さず、立場の強いメーカーに押し切らせず、自分で商売相手を選んで利潤をコントロールする。富重社長と私がツーカーの仲だったからできたようなものだが、それはそれとして、多少強引なやり口であろうとも主導権を握るのはやはり大事なことだ。

話を戻して、富重設計はオーナーから富士ビルの設計を依頼された。しかし設計事務所は建築や工事をしない。では描いた設計図をどこへもっていくかといえば、この案件では大分の大手建設会社・梅林組だった。そこが施工を請け負う。したがって梅林組から清和機器が建築代行をいただかねばならないが、これはもう、ミヤチタワーパーキングが設計段階から組み込まれているので自動的に受注できた。宮地鉄工所にしてもめでたく九州初上陸を果たしたことになって「清家さん、あんたなかなかやるね」と大喜び。もうこれからは九州での仕事は清和機器に任せるというので、以降、うちが九州全域および沖縄におけるミヤチタワーパーキングの総代理店を引きうけることとなった。

ひたむきに営業力を磨き、商品を売り込んでいった結果、いつしか九州・沖縄地域ではトップシェアを誇るほどに急成長していった。自惚れではなく、じっさい業界大手の新明和工業や三菱重工とは比べものにならないほど多くの立体駐車場を手がけている。

1990年12月竣工 シティパーキング島瀬

業績がグンと伸びた理由は経営方針にもあっただろう。私は立体駐車場を扱うにあたって一つの目標を立てた。九州で頂点をきわめてやろうと。要するに〝ニッチトップ〟だ。比較的小さな規模の隙間市場で圧倒的シェアを持つ企業をこう呼ぶ。

例にあげて説明すると、九州は10％経済といって全国的な経済規模からみればわずか1割たらず。けれど、そういった狭い範囲であってもトップに君臨する企業はおそろしく強い。私はそこを狙った。東京やら大阪あたりの大経済圏は不戦敗で結構。だが、九州であれば誰とやりあっても負けないぞという心構えだった。小規模なうちは人手も少ないため経営者にはそういった考え方も必要になってくる。なぜなら、欲をかいて手広くやろうとするとただでさえ足りない人材がさらに分散してしまう。優秀な社員が四方八方へ散らばるのは避けたいところだ。

立体駐車場のスペシャリストを目指して

社の命運を立体駐車場に一点賭けして勝負するというのは、そうとう思い切りの要る決断だった。けれど私のように脱サラして起業した人間が商売をするには何が必要か。よくよく考えてみると、これしかないという唯一無二の商品を見つけるのが一番だという結論に至った。それこそが成功の秘訣。泡沫なうちからデパートよろしく「あらゆるお品物を扱っております」というのでは無策に過ぎる。そんな風に大企業の真似をしても絶対に上手くいかないはずだ。私どもは空調専門ですとか、うちは外壁材を専門に扱っていますとか、屋根のことならお任せくださいとか、どれかひとつの商材に特化せねばならない。だからこそ私は立体駐車場のスペシャリストになる道を選んだ。

たとえ会社の規模が小さくとも、ある分野の専門家であれば清水建設や竹中工務店といったスーパーゼネコンが相手にしてくれる。逆にあちらから声がかかることもしばしば。ひるがえって、あのクラスの大手建設会社は何でもできますやってますというような輩を一顧だにしない。そこのところを私は山善時代から肌で感じていたから、この機会をもって立体駐車場で勝負していこうときっぱり腹を据えることができた。

しかしそうはいっても駐車場第1号の仕事がお金になるのは一年後。額面的に手形払いなのだから致し方ない。さしあたって何かで食いつながねばならないわけだが、そこで助け舟を出してくれたのが例の大坪社長だった。大坪建設との取引があったおかげで諸経費にあたる部分などを補てんできた。清和機器は設立からスムースな経営ができたと何度も述べてきたが、振り返ってみても、本当にお金がなくて首が回らずあちらこちら頭を下げるという状況は全くもって、ない。いくらかは困窮することもあったがなんとか耐えてしのいだ。そこは社員3人（吉田専務の入社前）の小さな会社、私と妻が給料をもらわなければ経費がかからないから。そういったわけで、今だからこそ明かすが、社長の私よりも吉田専務のほうが月給はずっと上だった。別に奇妙なことではないと私は思っている。自分が辛抱することになっても社員の働きにはきちんとした対価を払わないといけない。どんな事情があろうともだ。

吉田専務（一級建築士）が信用を倍化させた

とにもかくにも私は業務を立体駐車場に絞ろうと決意し、経営の舵をそちらへときった。結論からいえば立体駐車場の事業は成功した。判断は正しかったと思う。しかし当時の昭和53年ころは全国的にもまだまだ空地が多く、よもや駐車場関連の仕事がこれほど上手くいくとは夢にも考えていなかった。只々「あっちこっちに手を出して場当たり的に商売をしていては駄目だ。何かこれといったものを見つけなければ」という意識が先行していたともいえる。それでも会社は軌道にのった。何を隠そうこれはやはり吉田専務の力に依るところが大きい。彼が駐車場の設計をすべて完璧にできたおかげで会社の信用度もどんどん上がったため、それに比例するかのように営業力もついていった。

面白いエピソードがある。ある日、赤坂にあった清水建設の福岡支店に吉田専務と一緒に行った。ちょっとした打ち合わせのためだ。清水建設といえば泣く子も黙るスーパーゼネコンであり、当然のごとく、設計に関してもベテラン揃い。そういった面々が、やれ強度はどうだ基礎はどういう発想なんだと小難しい質問を矢継ぎ早に浴びせてくる状況となるわけだが、吉田専務は涼しい顔をしてそれらに手際よくパッパッと答えてしまう。これにはあちらも「清和機器にはこれほど優秀な社員がいるのか」と驚く。するとはからずも相手にこの会社なら安心して発注できるという印象を与えることになる。

私はそうしたやりとりを痛快な気分で聞いていた。社員といっても元は設計事務所の所長なのだからその正体は設計のプロ。そりゃもう詳しいに決まっている。けっきょくのところ商売というものは「売らんかな」では駄目なのだ。そこに確かな技術の裏付けがないと相手は安心して買ってくれない。清和機器の場合、吉田専務がその部分を担ってくれたので信用はぐんぐんと高まり、そうやって得た評価を今度は武器として営業に活かすことができたのだった。

工場を持たないメーカーに転身―価格競争力アップ

かつての立体駐車場といえば機械式のゴンドラあるいはエレベーターによって車両を運搬するものが主流だった。一番下のところに入出庫口が設けてあり、そこから車を乗せたパレットをぐるぐると回転させながら1台ずつ格納していく。垂直循環式とかエレベーター式とか、それらがタワーパーキングと呼ばれるもので、宮地鉄工所の作っていたミヤチタワーパーキングも同タイプだ。

タワーと冠するだけあって高い塔のようにそびえ立つわけだが、その細長い見た目どおり強度の確保が大変だ。ずさんな設計をしていては非常に倒れやすいものができあがってしまう。まるで机に立てたペンシルさながら不安定に、ぱたり。台風に吹かれようと地震に揺られようと、そもそも倒壊するような建築物を作るわけにはいかないので、なればこそ、建物の基礎部分はそうとうに強靭でなければならない。

機械式のタワーパーキングを手掛けているＩＨＩも三菱も、むろん宮地鉄工所やフジテックにしたって、機械そのものを動かす制御装置はメーカーとして大の得意。ところが立体駐車場には機械を支える基礎部分だとか鉄骨、外壁なども必要となってくる。そして、それらは建築工事の範疇。つまり鉄骨を組み立てたり、その周囲に板を張ったりといった作業もセットというわけだ。すなわち駐車場一式を受注するというのは、機械を動かす電気系統の制御装置にくわえ、建造物の基礎工事や外壁工事といった諸般の建築施工も受け持つということ。機械と建築、その両方をプラスしたものが駐車場の仕事といえるだろう。

清和機器は当時、後者（建築施工の分野）に強かった。いっぽう前者（機械）に関しては立体駐車場の機器メーカーの分野となる。

しかしながら、何度も述べているようにパワーバランスはしっかりと考慮すべき。極端にいってしまえば、業界で一番力のあるＩＨＩと提携したとするとこちらが建築工事を発注され下請け扱いされるような状況が起こりうる。たとえば清和機器が５０００万円でＩＨＩに見積もりを出したとすると、ＩＨＩはそれをお客さんに７０００万円相当の案件として提示するわけだ。つまるところ、ＩＨＩが清和機器から建築施工にかかる部分を買い、さらにマージンを取って販売といったかたちになるはずなので、その差額分がお客さんにとって高くつく。

ここで頭の隅に留めておきたいのが、うちとしてはＩＨＩに売ろうとお客さんに売ろうと５０００万円という価格は変わらないということ。しかしお客さんにしてみれば単純計算で２０００万円も安くなる。これが効いて、立体駐車場の一式工事（立駐の機械部・建築工事）において業界における清和機器の価格競争力は抜きん出た。うちが九州・沖縄地域における立体駐車場業界のニッチトップを勝ち取ることができたのは、こういったからくりにある。

であればこそ、メーカーに対して価格決定権をこちらが持つことができた。地盤の強さをボーリング調査で計ることなども含め建築に関わるすべてをまるごと一式設計するから、清和機器にできないことだけそちらで担当してもらえないか。そんな話をポイッと投げた。ノウハウを持っているところ全部を我々が受け持ってしまえば、こちらが元請けになれる。なぜかというとメーカーから機械を買う立場となるためだ。ゴンドラなりエレベーターなりを仕入れるというのは、要するにあちらが下請けになるということ。これなら利益率は桁違い。けれど、話をＩＨＩやら三菱重工といった業界大手に持っていったとしても「清和機器の下請けは御免だ」と突っぱねられてしまう。いっぽう、宮地鉄工所やフジテック株式会社（以下、フジテック）は快く提案をのんでくれたので、これからは彼らと手を携えてやっていこうと私も腹を据えることができた。

そうして機械部分は専門メーカーにまかせ、建築のほうは自分が専門だからそのまま売るというビジネスモデルを確立した。これが度外れた価格競争力を生み、経営が安定していった。お客さんは「ちゃんと仕事をしてくれる割には値段が安い」と感じたかもしれない。といってもコストカットによる大安売りではないし、身を削ったわけでもないから儲けもちゃんと出せる。競合他社はうちみたいなところを下請けとして使って、それにまたマージンを乗せて販売するから、言わずもがな、設定価格が高くなってしまうのだ。

油圧式の多段式立体駐車場――二宮産業と提携

清和機器側が立体駐車場メーカーを下請け扱いにしたわけだから、まさに逆転現象が起こったといえよう。じつは、私が常日頃からいろいろと考えていたことのひとつに工場を持たないメーカーを目指すというのがあった。〝ファブレス（fab＋less）〟という造語をご存じだろうか。経済関連のトピックに明るい人なら耳や目にすることも多かろうが、一応補足しておくと、自社工場なしに製造業として活動を行なう会社をこう呼ぶ。わかりやすいのが今のアップル社、ついで日本国内をみれば任天堂の玩具部門なんかもそうで、いずれも製造元ではあるが自社工場で商品を作っているわけではない。だから工場を持たないメーカーということになるわけだが、私の発想もまったく同じ。大きく成功しているところはやはりこういったファブレス企業が多いように思う。

話は少し変わって、ビル運営の一階部分に組み込む多段式立体駐車場について。こちらは各メーカーの作っている製品がみな横並びに電動式だった。である以上はけっきょく似たようなものを扱うばかり。価格はともかく、商品それ自体で優位性を得るには至らない。そこで私は、最初の時点でお客さんが選び惑う必要のないものにしたいと考えた。ビ

1984年9月竣工 ネオハイツ南公園

ジネス用語でいうところのいわゆる〝差別化〟というやつだ。

そこで目を付けたのが駆動方式の異なる油圧式。その商品を作っていたのは千葉の二宮産業だ。そこは当時、唯一といってもいい油圧式を手がける小型立体駐車場メーカーだった。タワーパーキングのような大がかりなものではなく、二段式あるいは三段式にとどめ、車の載ったパレットを油圧で上げたらその下のスペースにもう一台駐車できるという仕組み。商材としては唯一無二で魅力的なのだが、九州での営業力はまだまだ弱い。しかし直観的にいけるぞと感じた私は九州・沖縄地域の総発売元を任せてもらうべく千葉を訪れ、さっそく交渉を開始した。二宮産業・労網社長に九州でこの商品を全面的に推して売りたいからご協力いただけないかと直談判したところ、あっけなく話がついた。

もちろん建築設計事務所には二宮産業の機械を設計に織り込んでもらう。すると例によって設計した段階でメーカーが決まって、とくに二宮産業のような特殊な駐車場であればもう建設会社はこちらが提示した価格を値切ることすらできなくなる。なぜなら駐車場をまるごとビルに組み込む以上、ビル本体の寸法と機械が収まる寸法、これが寸分の狂いもなく一致していなければどうにもならないからだ。

機械式立体駐車場の販売ルートというものはビル経営を考えている人、要するに貸しビルやホテルのオーナーに焦点があう。建物に組み込んだり横にくっつけたりするのだが、あらゆる局面において、ビルを建てる場合には監修者が必要となる。そうすると建設会社が施主から全部あわせて契約するわけだ。駐車場部分だけ分離発注というパターンはまず、ない。こういった建築物に附帯する立体駐車場の比率が80％ほどあったと記憶しているが、いうなればこの数字がそのまま建設会社からの注文となる。他方では、空いた土地を利用して駐車場経営に乗り出そうと単独で駐車場を建てるケース。その需要が残りの20％ほどだった。これは地主から直接注文をいただく。したがって、件のようにタワーパーキングの設計段階で二宮産業あたりをビルの一角に組み込むと、ほぼ100％、その案件を受けた建設会社の発注をとることができた。

だからこそ機械式立体駐車場で商売する場合、ビルの設計をする段階で設計事務所に図面へと織り込んでもらうように営業する。設計にかかる費用はうちがもちますからと。設計図にあればもう決まったも同然。あとは建設会社からの連絡待ちだ。だからこそ設計事務所とは仲良くしておかねばならない。とくに建設関係者などは発言力があるから、ときにゴマをすったりといったご機嫌伺いも必要になってくるだろう。

なにはともあれ、昭和58年、清和機器が設計協力した油圧式第1号が入るビルの案件を受注したのがあのスーパーゼネコン、竹中工務店だった。図面を見た竹中工務店が二宮産業に連絡したらしく、廻りまわってうちに電話がかかってきた。九州では清和機器がこれを担当していると聞いたので案件の見積もりを出して欲しいという。こうして運よく竹中工務店と直接取引をすることとなった。まだ信用もなにもない時分に、たとえ少額1000万円程度であろうと竹中工務店を相手に仕事ができる。瓢箪から駒とはこのことだ。

どうして私がこれほど喜んだかといえば、この当時、竹中工務店こそ日本の建築業界で最も優秀な会社であるというのが定説となっていたから。じっさい、東京タワーをはじめ国内にある有名なランドマークや巨大建築物の数々を担当しているし、その名は今以って一般にまで広く浸透しているだろう。建築物ではゼネコンの頂点にいる竹中工務店との取引実績。これは一種のステイタスで「あの竹中と仕事をしているならしっかりした会社に違いない」と業界に印象づけることができる。

こういったわけで、期せずしてスーパーゼネコンからの信用を獲得できた。じつに商売上手というか、きわめてスマートな流れだった。本来であればぽっと出の新参者がゼネコンに仕事をもらうのはそうとう難しい。営業をかけるにもとにかく神経をすり減らすことと思う。おそろしく茨の道だ。それくらいゼネコンというのは取引する下請けを選びに選ぶ。なぜなら、あちらさんは誰がミスした失敗したという逃げ口上など使えないのだ。現場で起こることに関してはすべて担当するゼネコンがその責を負う。また、職人やらが途中で抜けて全体の工事に影響が出たケースもけっして少なくはないから、下請けの選定をするにあたってその会社が近々に潰れたりしないかも執拗にチェックされる。ほかにも手抜き工事をしないか、コンプライアンスを守るか、職人の安全意識は高いか、などなど。厳しい環境の中にあって、清和機器がわずか2～3年のうちにスーパーゼネコンから視線を注いでもらえるほどの存在になれたのは、やはり二宮産業の油圧式立体駐車場のおかげだろう。

駐車場経営の収支計算ソフトを自社開発

私は時代の変化にともなって扱う商材を変えてきた。しかしながら駐車場ビジネスという根幹は変わらない。もちろんトラブルも僅かながらあったが信用を失うことなく今日まで実績を重ねてこられた。信頼できる会社と思ってもらえれば、比例して営業も楽になっていくものだ。ただし、営業力はそれだけで得られるわけではない。お客さんの立場になって考えなければ努力も露と消えよう。

たとえば施主から「ビルに駐車場を組み込むのはいいけど、これでどれくらいの収入があるんだ?」という問い合わせがあれば「駐車場でこれだけの収入が見込めますよ」という収入見込みを提示する必要がある。さて、どう対応するか。現代ではもうソフトも充実しているし、それらを使えばパソコンで簡単にできるから楽なものだろう。しかしながら当時はそういった便利なソフトなどない。かといって、いちいち処理していたら膨大な件数を前にして骨も心も折れる。たとえば1000万円を元利均等で15年で借りた場合、毎月の元金はいくら、金利はいくら払うかといった元利合計を計算するとしよう。これだけでもけっこうな手間だ。

そこで私はコンピュータを使って一から収支計算書のソフトを作ろうと考え、吉田専務と一緒に研究に励んだ。毎月払う金額は同じでもこの先15年間で元金の支払いがこう増え、金利の支払いがこのように減っていく。そういった内容が一瞬でわかるようなプログラムを組み、仕事に活かす。もうこれ以降は目に見えて営業が楽になった。

些細なことでも研鑽を怠らず、努力を惜しまないことが、結果として営業力につながっていくのだと、自身の経験からそう言える。

第2章

受難と脱皮――土地バブルを経験して

専業企業を目指して社名変更、メンテナンスにも進出

平成元年、立体駐車場の企画・設計・施工を手がける「清和機器㈱」から「セイワシステム㈱」に社名変更し、これで一応、立体駐車場の専門企業という体をとることとなった。同年5月には「㈲清和エンジニアリング」も創業した。これはもともとあった保守部門を切り離して独立させたようなもの。清和機器のときから準備期間として機械式駐車場の据付工事・メンテナンスを手がけるチームを作ってあったので、ちょうど良いタイミングだと思い、子会社を立ち上げてみたのだ。清和機器から社名変更したセイワシステムは企画・設計・施工をメインにして、完成したものは清和エンジニアリングが責任を持って面倒をみますよ、というわけ。

その頃の社員数はすでに15人になっていた。当時の私はというと、経営にしろ実務にしろ会社を興してから7~8年の間、本当にワンマンだった。要するに社長であり、営業マンであり、ある時は現場主任そして清掃作業員にもなる。つまりすべての役割を兼ねていて、もうほとんど私がやるから黙ってついて来いといった具合だった。

そんな中、唯一の例外だったのが吉田専務。彼のおかげで設計から完成まで一貫した提案ができるわけだから、やはり特別な存在であり最高のビジネスパートナーであることは

否めない。じつをいうと現在使っているオフィスの設計も彼が手がけている。平成元年にセイワシステムへと名を変えた時に建てたものだ。したがって、社名変更は社屋が完成したのがきっかけだったといえよう。

私は当然ながら山善に勤務している頃から社名の構想を練っていたので、独立する時には「清和機器株式会社」と漢字で登記した。すでに述べたが、最初は資本金300万円だった予定を、ありがたいことに出資者の増加により500万円に変更している。

社名変更したのが平成元年（昭和64年に該当）だから、昭和53年の設立から数えて10年ほどが経過したことになる。平成の世を迎えた当時といえばもうバブル真っ最中。バブル景気は昭和61年くらいから始まって平成3年ごろにピークを迎えたと記憶しているが、うちもその恩恵に与って利益がかなり上がってきていた。そんなおり、昭和63年の10月頃、ちょうど良さそうな土地が売りに出ているのが目についた。業績も好調だしそろそろ自社ビルが欲しいと考えていた私は、この84坪の土地を買うことにしたのだった。当然ながらバブルのせいで地価は従来の相場よりも上がっていたが、とにかく博多駅に近く、場所が気に入ったというのが決め手となった。

建物の設計はいつものごとく吉田専務に任せた。彼は一級建築士だからもちろん丸ごと任せて安心——なのだが、今回ばかりは勝手が違う。いよいよ自社ビルが立つのだと私も気持ちが昂ぶっていた。そのせいもあり「なぁ、この柱はやめとこうや。無いほうがスパッと見通しがきいていいじゃねぇか」なんて意見をちょいと挟んだりもした。

そうして平成元年3月に新社屋が完成。せっかくだからこの機に社名も変更しようという流れになった。

前にも述べたが、清和機器の〝機器〟というのは機械器具の略。山善の扱う何万種類もある商品をすべて取り扱うからこの名を付けたわけだ。しかし事業を駐車場一本に絞るとなると内容が社名に符合しない。そこで思いついたのがカタカナの「セイワパーキングシステムズ」へ社名を変更することだった。けれど登記にあたって長い社名はややこしい。もう少し短くしたほうが色々と楽だと考えを改めた。つまり本来はセイワパーキングシステムズというのが候補としてあって、それを縮めたのがセイワシステムだ。

そうして社名変更と自社ビルの完成から向こう3年、この時期はバブル景気のおかげもあって業績がうなぎ昇り。社屋用に1億6480万円で買った277㎡の土地も、バブル

新社屋落成式

頂点期ともなれば資産価値はほぼ2倍。3億円ほどになっていた。だから「あの時はずいぶん安く買えてじつにラッキーだった」といった風に、にんまりと顔をほころばせたりしたものだ。

土地の含み損を解消する

さりとて、膨らみきった泡はいずれ爆ぜ消える。けっきょくバブルは弾け、平成6年くらいから金融引き締めがかけはじめられた。土地価格が急に下がりだしたわけだが、そうはいっても、頭打ちしていたところから落ちていったところで値段はまだまだ高い。暴落と呼べるほど本当に安くなったのは平成7～8年あたりだろう。

本社所有地は1億6480万円で買った土地が時価4000万円に下落したとしても、自分勝手に簿価を下げることはできない。決算書に含み損が生じるわけだ。要するに私の一存で書き換えたりすると法に沿わないのであって、これは売買の実績があってはじめて簿価を変更できる。会社経営で大事なことは誰が見ても正常な非のうちどころがない貸借対照表を作成することだ。うちの場合、本社所有地だけでも1億2000万円の含み損があり、これを表に出すことが基本と考えたのだった。

しかしながら、オフィスとして現在進行形で使用している実状、空いてもいないビルを売るわけにもいかない。ではどうするのか。タネを明かせば単純な話、子会社に売って売買の実績を残すことにしたのだ。そういったわけで建屋を含めると7600万円、土地だけで見れば4030万円にて売却。購入時の土地代から差し引くと1億円以上の赤字となり、大きな損を出してしまう結果となったけれども、これはこれで致し方ない。事実、買った値段が簿価にあり、売った値段の差額が多額の売却損だから、孜々営々《ししえいえい》と償却していくほかない。まぁ早い話がそれを全部吸収できたのは駐車場事業のおかげだ。

ほかにも駐車場として購入した土地があった。平成5年に2億9700万円で買っているわけだが、そちらも同じようにして子会社へ9100万円で売却したので、結果としてみれば約2億円の損。私はこういった処理を思い切ってやる。たしかに大損、どうあっても赤字となってしまうが、やはり簿価は時価に合わせ含み損を解消しなければならない。格好つける必要などないのだ。銀行に対しても「大赤字を出します。その理由はこうですよ」と正直に説明した。自社で必要な土地だから第三者に売るわけにもいかなかった。セイワシステムの所有地を子会社に売ることにより、そこをスムースに解決できた。

土地だけで3億円、ゴルフの会員権や分譲マンションの社宅などが1億円、合わせて全体4億円の含み損を3年で償却できたのだった。今では当社の決算書は、この物件だけでも含み益にかわっている。

受難①宮地鉄工所が突然にタワーパーキングの製造中止

おおむね順風満帆だった私の会社経営だが、そこはそれ、長く操業しているとやはり苦難の道にさしかかることもある。やや立ち戻って、まだ社名が清和機器だったころの昔語りを一つ、させてもらおう。主力仕入先だった宮地鉄工所が駐車場の製造から完全撤退することとなった顚末についてだ。

第一章でいくども出てきた名古屋の宮地鉄工所。ここが製造する立体駐車場・ミヤチタワーパーキングを九州・沖縄地域の総販売代理店として4年ほど取り扱っていたわけだが、もともとあちらは製鉄所などに設置する大型クレーンの大手メーカーだった。そんな宮地鉄工所に昭和56年あたりだったか、新日本製鐵（現：新日鐵住金株式会社。以下、新日鉄）からクレーンの大口注文があった。納品先は中国。上海の臨海部では日中共同で大規模な製鉄所が作られていた。現在でもかなり名の通った、かの上海宝山製鉄所だ。設備の立派さも大いに知られているが、そりゃもう、日本の製鉄業界でもトップを張る新日鉄が全面協力して作ったのだからあたりまえ。あの頃の中国は自前でそんな大規模の製鉄所を作る技術がなかったので、要請を受けた新日鉄が一から十まで作り上げる運びとなったのだ。余談となるが、この話をベースに中国残留孤児の実情を描いた『大地の子』という小説があり、ＮＨＫによってドラマ化もされている。

話を戻そう。こうした日中協力の一大プロジェクトにさいし、新日鉄が宮地鉄工所にクレーンに関して一任したいという話を持ちかけた。巨大製鉄所のクレーンといえば何十基と設置されるため、その売上高もかなりの額となる。ゆえに宮地鉄工所は喜んでオファーを受けたのだった。そして注文通りにクレーンを仕上げ、中国へと輸送して、すべてをきちんと納品。その結果、宮地鉄工所は大儲け――どころか、大赤字をくらう羽目になった。要は赤字工事を請け負った宮地鉄工所が馬鹿だったわけだ。

順調だったはずの経営が、哀れ、たちまちにして火の車。するとそこへ、倒れてもらっては困るといった名目でなぜか新日鉄が乗り込んできた。そうして宮地鉄工所は子会社化されてしまう。こうした一連の流れがおそらく昭和56～57年あたりの出来事だったと記憶しているが、クレーンの案件を受けていなければ潰れるような憂き目には遭わなかっただろう。そもそも新日鉄が原因を作ったのだからヘンな話ではある。

ともあれ、あちらとしては可及的速やかに経営を立て直さねばならない。そこで睨まれたのが立体駐車場部門だった。事業部の中で一番利益率が低く、あまり儲けが出せていないと尻尾を切られたわけだ。よって、新日鉄から出向してきた新しい経営者が「撤退しろ」と鶴の一声、それで終わり。

こればかりはどうにもならなかった。新規受注は完全にストップ。ミヤチタワーパーキングは素晴らしいですよとゼネコンをはじめ各方面にアピールしていたうちとしては、甚だ困る。ずいぶんと引き合いをもらって、あちらこちらに作り、実績もかなり積んでいた売れ筋の主力商品。それが一瞬で雲散霧消《うんさんむしょう》した。お客さんから問い合わせがあっても生産中止となった商品を売ることはできない。

私は思い悩み、もはや夜も眠れないくらいだった。このままでは経営が傾きかねない。どうしたものかと思索にふけったものの、もう駐車場一本に絞っているのだから今さら路線変更はできないぞと気持ちを切りかえた。前向きに考えれば、ミヤチタワーパーキングに代わる商品を見つけるのが最良の手なのだ。ならば、次はどのメーカーと提携すればいいだろう。IHI、新明和工業、三菱重工あたりと手を組むと相手が強すぎてこちらの思いどおりの商売ができない。それは明白だ。さて、となった時に以前からエレベーター関連で顔をつないでいたフジテックのことが脳裏に浮かんだ。そういえばあそこは機械が優秀だし、一部上場企業で生産能力も高い。

思い立ったが吉日。さっそく私はフジテック福岡営業所の服部所長のもとを訪れた。それまでうちの営業力の前にさんざんやられていたせいか「清家さんが味方になってくれるなら是非とも。協力しますよ!」といった感じに話が弾み、無事フジテックと組むことになった。うちは立体駐車場の建設工事が専門、フジテックは機械を作るのが専門。だったら機械だけ売ってくれないかという話を持ち込んだところ、なんと、これも通った。

このことが大躍進に結びつく。というのは価格決定権をこちらが持つことができたから。それにフジテックのような大きな会社であれば、どれほど注文をとっても製造能力がある。そこへ加え、ネームバリューに比例した責任感も備わっているから、ミスを出さないようにも徹底されている。そんな会社が機械を供給してくれるというのはすなわち、しっかりした下請けを得たことに同じ。安心感が違う。だから提携によってうちの経営基盤はさらに強固なものとなり、本当の意味で〝工場を持たないメーカー〟になれたといっても過言ではない。

私の目論みどおり進んだわけだが、この時のパートナー選びも、何となしに狙いを定めたわけではなかった。フジテックから立体駐車場の資料を貰ったさい、これは成功するぞといった直感が働いたのだ。営業マンから渡されたカタログにざっと目を通した私は、あるキャッチコピーに興味をそそられた。

「当社の立体駐車場の制御は、エレベーター制御システムのノウハウを駐車場に応用した速度帰還制御方式を採用しております。したがって非常にスムースな運転ができます」

と、このように書いてあった。

私は商社の出身だからすぐに「こりゃセンスが無い」ともったいなく思った。カタログはお客さんに向けて〝良さ〟をアピールするのが目的であるはず。それなのに速度帰還制御方式がどうたらなんて業界用語を高らかに謳いあげてどうするのか。たしかにエレベーターの専門家や機械マニアが見れば「おぉ！」となるかもしれないが、けれど一般の人にはちんぷんかんぷん。したがってこんなカタログの作り方では意味がない。もっと良い表現ができるのにといった隔靴掻痒《かっかそうよう》の感があったわけだ。何故それほどやきもきしたかというと、このシステムが業界にとって革新的に素晴らしいものだと私が知っていたから。ちなみに当時、他社の制御システムはすべて機械制御のブレーキライニング方式だった。

話を進める前に、まず速度帰還制御方式とはどのようなものかを話しておかねばなるまい。説明に手っ取り早いのは蒸気機関車。あれは駅に停車する時、極端に速度を緩めてゆっくりとホームに入り、じゅうぶんに速度を落とした状態でブレーキをかける。大きなブレーキライニングでがっちり締め付けるともうそれ以上は車輪が回らなくなる。しかし、まだ微妙に動いているところへ物理的な力でもって停止させることになり、どうしてもガクンガクンときてしまう。ひと昔前の旧型エレベーターも全部この方式だった。しかし速度帰還制御方式のほうは電気的に慣性まで制御しながら止める。じつに優美な運動曲線を描きながら、減衰によって速度が限りなくゼロに近づいていく。しかもこの技術を使えば、従来のブレーキ式と比較して停止まで1／2の時間で済む。より早く静かに止まるのだ。現在ではエレベーターも新幹線もすべてこの方式だから、どれだけ高速で動いていたとしても、いつ止まったかわからないほど衝撃は少なくなっている。

この方式をフジテックが初めて機械式立体駐車場に採用したわけ。これはうまく説明してやればキャッチーな誘い文句になるぞと私は思った。すぐに代理店や工務店へ向けて「フジテックの立体駐車場は大手メーカーよりずっと進んでいます。こんな風に制御して他にはないメリットを生み出しているんですよ」という感じに宣伝してみた。するとたちまち大反響。そこへあと一押し「お値段のほうもご相談くださいね。勉強いたします」なんて感じに心揺さぶるフレーズを放り込んだら、もう待ったなし。注文がどんどんと入ってくる状態になった。

技術系メーカーの営業や広報というものは、そういったところに疎い。自分たちの商品あるいはテクノロジーにどれほどのアドバンテージがあるか、それを知らない。やっぱり営業マンは商材のツボというか、美味しい部分を感じ取れるか否か、ここが大切。したがって、業界全体をずっと俯瞰で見てきた私たちと、技術の向上を図って自社商品だけを注視していたフジテックク、その違いが表れたといってもいい。

ともかく、新たなパートナーを得たことで以前にもました勢いで顧客をぶんどっていくことができた。ちょっと不謹慎だという自覚はあるが、あえて書くなら宮地鉄工所が駐車場事業から撤退して幸いだったとさえ思う。

念願の〝錆びない多段式駐車場〟を豊国工業と協同開発

前項で述べたように、会社経営が軌道に乗った頃にちょうどバブル景気が訪れた。バブル期にはビルが雨後の筍のごとく建てられていたため、駐車場業界も例にもれずたいへんに潤った。当時といえば、30ｍ以上の高さがあるようなタワーパーキングの専門建設業者はまだ少ない。うちがほとんど専門だったといっても過言ではないくらいだ。そこへきてフジテックの最新技術を導入していたものだから、ゼネコンからの受注もひっきりなし。多い時には1年の間に40基もの売り上げがあった。

もう一つの柱である小型立体駐車場のほうも好調だった。二宮産業の油圧式だ。宮地鉄工所と縁が切れてしまったあとの主力商品となっていた。

そんなある日、業績好調を知ってか知らずか、とあるメーカーがうちに営業をかけてきた。豊国工業株式会社（以下、豊国工業）。担当部長と名乗る営業マンから受け取った名刺には、そう記載されていた。聞くと、広島の製造業者で、役所などを相手に水門や堰を作っているという。そんな相手が何を売り込みに来たのだろうかと若干の興味がわいたので、ひとまずどんな商品かを見てみることにした。

「マンションなどに併設される簡易的な立体駐車場です。二段式とか小型のものを作ってみました。こちらをぜひ、清家さんのところで扱っていただきたく思いまして」

と、営業マンが売り口上を述べながらカタログを差し出す。それにざっと目を通した私は、少し辛辣かもしれないがはっきり言うのがお互いのためという気持ちもあり、思うさまに感想を返した。

「忌憚なく言うとね、これをやったところで儲けは出んと思う。先行している大手の商品と何ら変わりがないじゃないか。こんなの実績もネームバリューもある先輩メーカーが同じような駐車場をたくさん作っているからね。とすると、豊国さんがいくら頑張っても価格競争に巻き込まれるばっかりで、けっきょく利益など微々たるものになるよ。他社製品より差別化された特徴あるものを開発しないと」

「なるほど。たしかにおっしゃる通りで、なかなか厳しいかもしれません。けれども我々としてはこの事業をどうにか軌道に乗せたいのです」

そこで営業マンは一旦言葉を止めた。わざわざ九州まで売り込みにくるほどだから、きっと上手くいくという算段だったろう。商品自体に自信もあったはずだ。だが現実を突きつけられてしまい困惑したのか、彼は伏し目がちに苦笑しながら、小さく呟いた。

「どうすれば儲けられるんでしょう」

「優位性を持つことやね。たとえばの話、二段式の駐車場ってのは建物に組み込むパターンもあるけど、半数近くだったかな、設計上の都合で屋外に設置するといったケースもわりに多い。するとしょっちゅう雨風に打たれて、鉄なんか当然のように錆びるわな。要するに雨ざらしや。でも雨に強い立体駐車場ってもんをどこもまだ作っておらん。そんなのができたら面白いやろうね」

話しながら営業マンの表情を見る。〝たとえば〟を鵜呑みにして聞き流すならそれまで。眼に光が宿るようであれば、この先を話してやってもいい。

「その案ですが、持ち帰らせていただけませんか。是非、社で検討したいのです」

わかりやすい反応だ。

雨に強い立体駐車場という製品をもしも作ることができれば、それは必ずや高需要に結びつくはずだと私はにらんでいた。工法や工程も考えていたから、あとはチャレンジするメーカーが現れるかどうかなのだが、どうやらそれは豊国工業に決まりそうだった。

鉄を錆びにくくするとなると、やはり亜鉛メッキしか考えられない。いわゆる〝どぶ浸けメッキ〟というやつで、溶かした亜鉛に鉄骨の部材などをドボンと浸す。引き上げてやれば表面が膜で覆われた状態となって、50年から場合によっては100年も錆びない。

「溶融亜鉛メッキの手法を参考にしてみたらどうや。ほら、広島ちゅうと、造船業が発達しとろうが。ああいった船やらも亜鉛のドブ浸けして錆びにくくしているわな。うまいこと流用して技術を得たらね、豊国さん、ものすごく売れるよ。いや、むしろ後発が駐車場を作って生き残る道はそれしかないかもしれん」

私の提案に、営業マンは顔を輝かせながら「挑戦してみます」と腰を浮かせた。

10カ月後、豊国工業は雨に強く錆びない立体駐車場を見事に完成させた。詳細は伏せさせてもらうが、じつにさまざまな困難を乗り越え、試行錯誤の末に作り上げた。

商品名は「セイワパークZN」。〝Zn〟は亜鉛の元素記号だ。うちで販売するぶんについては命名させてくれというわけで、豊国ではなくセイワと入れさせてもらった。製造元はあちらさんだが、極端にいうと生みの親は私なので、まぁ良しとしたい。

こうして売り出したセイワパークZNは年間75物件と注文が殺到したため、忙しい毎日だった。といってもこれはウラに手堅い戦略があっての儲けだ。返すがえすも主張するが、商品を仕入れてそのまま売るのでは駄目。仕入れたものに手を加えたり、附属品をくっつけるなどして付加価値を付けて売るべきなのだ。これこそが商売の常識であり、そうしなければほとんど利益が出ない。

二つめはしきりに言うように価格決定権。だからフジテックの時と同様に、今回も機械だけを買うようにした。豊国工業が作った機械をうちが仕入れ、現地施工やメンテナンスなどは全部こちらでやらせてもらい、お客さんに売る。それで豊国工業もこれが起爆剤となり急成長。今や駐車場業界でも大手と呼ばれるまでに成長した。こうしたきっかけが無かったらパーキング部門など早々に畳んでいたことだろう。

こうして溶融亜鉛メッキによるイノベーションは大逆転のきっかけを生んだ。だが、私は経験則から豊国工業に対しこうも釘を刺しておいた。

「大手の連中が3年もしないうちに同タイプの商品を仕上げてくる。そんなのは分かりきったことだから、良い風が吹いている間に豊国工業の立体駐車場を印象に残さんといかんね。今のうちに売れるだけ売って実績を作っておく。なぜなら、販売実績がつくほど知名度があがるから。そうしておけば、いくら他所が後から同じような商品を作ってきたとしても、実績ナンバーワンの勝ち」

こうしてうちは利益を出し、豊国工業もパーキング部門が会社の柱となるほどに成長していった。

受難②バブル崩壊―大手建設会社のほとんどが経営難に

平成7年、住専（住宅専門金融会社）が行き詰まり、これが発端となり張り裂けたバブル景気。それが建設業界に大打撃を与えたのは崩壊後すぐさまという風ではなかった。2

年、3年と経つほどに景況が悪くなっていき、いよいよ霜枯れとなったのが平成7年から8年にかけて。私の感覚ではここからが真の正念場だったように思う。

東証一部に上場しているような一流のゼネコンがこの頃を節目にばたばたと倒産していく。また、倒れるまでいかずとも、経営不振が改善せぬまま銀行の管理下になってしまうといったケースも多くあった。

世界第2位（当時は1位）の超高層ビル台北101をはじめ、関門トンネルといった超難関工事を成功させた熊谷組も、あの黒部ダムほか国内における長大橋建設の走りとなった関門橋を手がけた間組も、もはや例外ではない。不良債権に追われ、所有していた不動産はそのほとんどを処理、会社の規模を大幅に緊縮させていった。

これらを救済するための〝債権放棄〟やら〝公共工事〟といったカードを国土交通省がいくら切ろうとも、いったん崩れはじめた建設業界を立て直すことはできなかった。たしかに、過剰供給を是正すべくゼネコン再編に向けた施策を講じた結果、全体的な数を減らすことには成功している。それでも歪さが露呈した産業構造そのものを変革するまでには至らなかったわけだ。

そうした動きの中、気づいた時にはもう信用できるのはスーパーゼネコンだけになっていた。竹中工務店、清水建設、大成建設、鹿島建設、大林組といった業界最大手の5社は安定していて、不景気程度で揺らぎはしない。だが中小ゼネコンは状況が違う。生き残っていたところも潰れるのは時間の問題という感じだった。

脱ゼネコン戦略を強力に推進

こうなってくると駐車場業界も不況と無縁ではない。バブルが弾けた後はたしかに受注がわずかながら減った。けれど忍び寄る黒煙に気づかず、深刻な危機感を抱くほどでもない対岸の火事だと、呑気に構えていた者も多い。しかし私にはとても楽観視できるような状況に思えなかった。ゼネコンが苦しくなればこちらの業績だってジリ貧と化す。

したがっていち早く手を打つことにした。平成7年、リスク回避のため〝脱ゼネコン戦略〟と題してみずから旗を振ったのだ。つまりゼネコンに頼った販売網から離れようといった経営革新を図ったわけだが、じつはこれこそが会社にとって第二の転換期ともいうべき大改革となった。

機械式立体駐車場の販売先はゼネコンが約80%を占めていた。なぜならビルの中に組み込むパターンが圧倒的に多いから。どこかの空き地へ単品でぽつりと建ててくれなんて依頼は、まだまだ少ない。ほとんどの場合で建物と併用して運用されるため、言ってしまえばゼネコンの下請け商売をしているようなものだ。

例をあげると、大きなビルやらホテルの横にはタワーパーキングがつきもの。そういった場合においては建築・施工をゼネコンが一括して受注するため、駐車場は付随した建物といった扱いでどうしても下請けになる。そんな背景があるにも関わらず、近状、まわりを見渡せばゼネコンがかたっぱしから倒れていく。まさに背筋が凍る思いだった。案件ひとつにつき受注金額が何千万円という単位だから、このままいけばゼネコンと共倒れ。資力で及ばないうちなど、ややもすると会社ごと吹っ飛んでしまう。

そこで私は意を決し、営業方針を刷新することにした。ゼネコン不況に左右されず売上げを安定させるにはどうすべきか。その答えはすでに出ていた。地主などの施主から直接に建築物の注文を受ければいい。つまり機械式から自走式の立体駐車場（各階をスロープで連結して駐車スペースまで車が自走する）へと主力をシフトチェンジするのだ。自走式はおおむね一つの独立した建物だから、うちがゼネコンになろうというわけ。うちがスーパーマーケットやパチンコ店、地主などのオーナーから依頼をじかに受けて建てるかたちとなる。よって、こちらをメインに据えられれば今までにないほど安定感が増す。

ところで、脱ゼネコンと一口に言ってしまうのは簡単だが、それにはやはり思い切った舵取りが必要となってくる。当然だが反動も伴う。中でもとりわけ骨が折れたのは社員の意識改革で、これには2年ほどを要した。

そもそもの話、受け入れてもらう土壌ができていなかった。だから機械式をやめて自走式に絞っていくことを宣言した時点でもう大騒ぎ。社員たちから「えぇ!? どうして機械式をやめちゃうんですか」と想像以上の猛反発がおこった。よくよく考えれば当然のことかもしれない。

たとえば機械学科と建築学科の両方を設置している大学があるとする。前者の学生たちは機械工学などを、後者であれば建築基準法や構造計算などを学んでいる。そんなある日、歯車がどうのといった機械工学の勉強をしている連中に、今日からは建築のほうに移れと命じたらどうなるか。おそらく大半の者が「嫌です。機械が好きでこの学科を選んだので建築なんか興味ありません」と断るだろう。これも詮ないことで、まったく異なる分野の学部に転籍して勉強を一からやり直せと言うに等しい行為なのだ。

けれども、そこを押し切った。会社の安定化を一番に考えるなら、脱ゼネコンおよび自走式への切り替えは何としても実行しなければならない。会社を絶対に潰さないという信念が私にはあるから、そのために時として非情な手もうつ。社員たちには申し訳ないが、倒産によって路頭に迷わせるよりはよほど良いと思うからだ。そして、この判断は正しかった。うちが現在においても業績好調なのは、この時の選択が良い呼び水になったおかげと考えて間違いなかろう。

小型車しか入庫できない機械式立体駐車場

機械式から自走式に切り替えた理由はこれまで述べてきたとおり。経営面から見て、脱ゼネコンに端を発したものだった。いっぽうで物理的な要因も世情として存在する。それは車の大きさつまり車幅の変化で、いうなれば第2の課題だ。

乗用車には道路運送車両法によってナンバープレートの掲示が義務付けられる。それによって3ナンバーや5ナンバーといったような分類がされているが、これはボディサイズや総排気量による区分だ。軽く説明しておくと「全長4.7ｍ以下、全幅1.7ｍ以下、エンジンの総排気量が２０００cc未満」が5ナンバーに、それらの規定を一項目でも上まわると3ナンバーとなる。

私の記憶が確かならば、平成5年以前は、5ナンバーが比率において90％ほどを占めていたように思う。じっさい、3ナンバーはあまり見かけなかったし、軽自動車の登録台数はそれより少ないくらいだった。そんなわけで機械式立体駐車場を受注した時も5ナンバー用の収容寸法で納入するのがほとんど。売上げの95%がそのタイプだった。つまり3ナンバー用が欲しいといった注文はわずか5%。当時、街のタワーパーキングには「3ナンバー車、入庫不可」の注意書きが溢れていた。駐車場経営においても、雀の涙ほどの需要にお金をかけるのは馬鹿馬鹿しいという風潮があった。コンパクトなほうが余計なコストはかからない。したがって、お客さんに向けて提案する商品は5ナンバー用でいいと私たちも割り切っていた。というよりむしろ、世の中全体がそれで動いていたふしがある。

その背景にあったのは日本の税金制度。5ナンバーより3ナンバーのほうが往々にして維持費が高くついてしまう。「3ナンバーはお金持ちや社長の車」なんて揶揄されるくらいに、かつては大きな隔たりがあったのだ。

現在はもうナンバーの違いで払う税金が変わったりはしない。3ナンバーは重さが基準となる自動車重量税と総排気量が基準となる自動車税、双方いずれも大きくなりがちだが、かといってさほどの差は出ないだろう。

しかしそれは平成元年の税法改正をうけて以降の話だ。昭和の頃は5ナンバーの自動車税が約3〜4万円だったのに対し、３ナンバーは約8〜15万円とかなり高額だった。だから国内の自動車メーカーはボディサイズを5ナンバー規格に抑えつつ、エンジンに１９８0ccを搭載するなど、各項目をギリギリのスペックで仕上げるのが常套手段。巷にも5ナンバーは税金が安いというイメージが浸透していたので、本来はラグジュアリーさがコンセプトであるはずのトヨタ・クラウンや日産・セドリックなどもそのグループにこぢんまりと収まっていた。

さて、この税制に対して強い要望というか、いちゃもんを付けてきたのがアメリカ合衆国だった。というのも、あちらの自動車メーカーが製造していた車はすべて3ナンバー規格となってしまうからだ。

「これはひどい差別である。なぜなら、我々の車だけが税金を高く設定されているに等しい。日本市場において業績が振るわないのはきっとそれに起因している。ゆえに税率の再考による対等な価格競争を望む。検討しろ。今すぐに」

といったクレームが実際あったかどうかまでは知らないが、まぁ、概してそんなところだろう。

ともかく、平成の世になってすぐに税法が見直され、先ほども述べたとおり、３ナンバーだ5ナンバーだという区分での差異はなくなった。そうやって境界線が消えると、ワゴンやミニバンの台頭もあってか、多くの人がユーティリティーに優れる3ナンバーの車を躊躇なく購入するようになる。こうなると私たちが推奨していた5ナンバー用の立体駐車場はお払い箱。3ナンバーの車が入らないようでは困るというわけだ。今まで順調に駐車場を経営していたところが、ひっくり返って、軒並み経営難に陥ることとなった。ほとんどの駐車場が5ナンバー用を設置していたからだ。

日本自動車工業会の統計によると平成28年の時点で3ナンバーと5ナンバー、それに軽自動車の登録台数は三つ巴となっている様子。普通車がやや少ないが、おおむね1／3ずつできれいに拮抗している。いずれの業界においても時代の波はあり、潮流はとどまることなく変化していくものだ。とはいえあの頃、まさかここまで勢力図が書き変わるとは読みきれていなかった。これについて、5ナンバー用の機械を中心に販売したのは大失敗だったと認めざるを得ない。

以上のように、ゼネコン不況と車体サイズの変化、二つの厄介事がこの時期にちょうど重なった。これらの問題点を全面的に解消したのが自走式立体駐車場だったわけだ。

ゆえに、常日頃からそれぞれの業界動向をつぶさに観察し、早い段階で手をうつようにせねばならない。いかに先を読むかで流れは大きく変わってくる。私はというと、自走式立体駐車場それ自体には前もって目をつけていた。今は撤去してしまったが、第1号として博多埠頭のベイサイドプレイスに建てたのが平成3年。それを皮切りにして、ちょくちょく手がけるようになった。自走式にもさまざまなメーカーがあるから、良い実績のあるところと契約し、商品を仕入れてうちが施工するスタイルを続けていけばやがてノウハウが身につき、いずれそれが役に立つと考えていた。したがって、自走式に絞るぞと決めたのはゼロからのスタートとイコールではない。準備期間はもう経ていたのだ。

機械式の扱いをやめて自走式立体駐車場へと切り替えたことで、車のサイズをほとんど気にする必要がなくなった。それと同時に、売上げの75％を占めていたゼネコンからの受注も25％にまで下がった。このようにして、私が目指したゼネコンからの脱却は成功し、会社の体質を大きく改善することができたのだった。

国交省大臣の認定自走式駐車場を開発

平成5年、自走式駐車場業界に対し、建設省（後の国土交通省）が建築基準法38条に基づいて指導しはじめた。これにより、安心・安全かつ合理的で能率的なプレハブ駐車場を、国土交通省大臣が各メーカー機種毎に認定する制度がスタート。これに準じて、日本プレハブ駐車場工業会が設立される運びとなった。

自走式立体駐車場をメインに据えることに決めてからまもなく、平成8年にはもう質実ともにメーカーと呼ばれる位置づけに収まっていた。しっかりとノウハウを吸収して、設計から施工までを全部自分たちでできるようになったのだ。

例をあげればダイハツ狭山工場の従業員駐車場。ここで特筆すべきはやはり「SSP(セイワシステムの統一記号)」だろう。自社のオリジナル商品として、平成7年あたりだったか、本格的に自分がメーカーになるべきという考えのもと、しかるべく開発を進めていった。これはいわゆる認定取得というものであり、SSPという登録商標を国土交通省に申請したわけだ。建築基準法第38条に則って一括認定をしてほしいと。

それが何を意味するか。建築物を建てるさいは確認申請という手続きが必要で、まずは「この土地にこういった設計のものを建てますよ」といった建築確認申請を県や市に提出し許可を願う。いかなる理由においてもこれがないと着工できない。それと同じシステムで基準のきまった建屋をあらかじめ国から一括認可をとっておくのが国土交通大臣認定

郵 便 は が き

料金受取人払郵便

８ １ ２ − ８ ７ ９ ０

博多北局
承 認
7255

169

福岡市博多区千代3-2-1
麻生ハウス３F

差出有効期間
平成31年10月
31日まで

㈱ 梓 書 院

読者カード係 行

ご愛読ありがとうございます

お客様のご意見をお聞かせ頂きたく、アンケートにご協力下さい。

ふりがな お 名 前	性 別 （男・女）
ご 住 所 〒	
電 話	
ご 職 業	（ 歳）

梓書院の本をお買い求め頂きありがとうございます。

下の項目についてご意見をお聞かせいただきたく、ご記入のうえご投函いただきますようお願い致します。

お求めになった本のタイトル
ご購入の動機 1書店の店頭でみて　2新聞雑誌等の広告をみて　3書評をみて 4人にすすめられて　5その他（　　　　　　　　　　） ＊お買い上げ書店名（　　　　　　　　　　）
本書についてのご感想・ご意見をお聞かせ下さい。 〈内容について〉 〈装幀について〉（カバー・表紙・タイトル・編集）
今興味があるテーマ・企画などお聞かせ下さい。
ご出版を考えられたことはございますか？ ・あ　る　　・な　い　　・現在、考えている

ご協力ありがとうございました。

（以下、大臣認定）という。

早速うちも平成7年、工業会に入会した。大臣認定のプレハブ工法であれば常に高いレベルで品質が一定となり、構造もほぼ統一される。認定を持つということは、すなわち、構造計算やら型式を国が厳密に審査して合格したということ。したがって、役所に対して大臣の認定書をくっつけて建築確認申請をしてやると、国によって事前にもう認定済みだから審査が早く、構造計算や防災など諸々の書類が不要となるわけだ。

1998年10月竣工 サンシティパーキング天神

メリットは他にもある。大臣認定を取ってしまえばもうその時点でメーカーとして扱われるのだ。自走式立体駐車場の第1号が平成7年として、第2号が平成8年。認定を武器とし、それからは毎年あちらこちらに建てていった。冒頭で「質実ともにメーカーになった」と言ったのはこういった流れを受けてのこと。

認定は国土交通省の建築指導課長とか、その上に置かれる審議官とかさまざまな役人たちと打ち合わせをしながら取っていく。しかしながら、一括で認定するといってもそれは商品一種類につき一つという話であって、大臣認定は4階建てや3階建てといった階層別、また、傾床方式とかフラット方式、スキップ方式などの構造別それぞれに認定を取らなければならない。駐車場の形式が違えばそのつど認定が要る。うちは認定だけでも12個ほど持っていて、これが営業戦略上、きわめて有利なものとなった。というのも、ゼネコンや役所の入札にはこうした認定がないと駄目というような事例が少なくない。だから認定をたくさん持つほど商売が有利になる。

さらに言えば、一つ取るのに1000万円ほどかかる上、膨大な資料を提出しないと大臣が判子を押してくれないのもミソ。自走式に転換しようにも初期投資が大変だというわけでまったく業者が乱立しなかった。今は福岡県下で自走式立体駐車場の大臣認定を持っているのはうちだけ。九州全体でもたったの2社だ。

これはある意味の特許でもあった。競合他社が商品をそっくり真似しようと思っても、うちが認定を持っているかぎりは不可能なのだ。要するに「この程度の駐車場なら我々も作れるぞ！」と施工しようとしても、認定商品という性質上どうあっても無理。大臣認定の取得にはそういった強みがある。私はこの制度の利点を早々に見抜いていたので、うちで扱う機種をすべからく申請するべきだと音頭をとった。どれほど資金がかかろうとも、逐一、認定を取得して後々の優位性に繋げようという算段だ。

建築物もどき、簡易駐車場が淘汰される

ところで、プレハブ自走式立体駐車場という建築物に対して国土交通省が大臣認定という制度を導入した背後には、あるねらいがあった。とどのつまり、これは業界に蔓延していたグレーなやり方に国がメスを入れようとしたことに端を発する。

当時、立体駐車場業界では問題のある工法がまかりとおっていた。走行フロアも駐車スペースも穴だらけの鉄板ないしグレーチングなどで作られていて、雨が降ると車もびしょびしょ、そんな自走式立体駐車場を見たことがないだろうか。建築物とは基礎があり床があり壁があり屋根があるものと建築基準法で明記されているわけだが、ああいったタイプは骨組みと穴のあいた鉄板を組み合わせただけ。よって、厳密には建築基準法の規定する建築物とは呼べない。

ジャストパークや内外テクニカといった業者がこれを逆手にとった。自分たちの扱っているのはこのように穴を開けているから建築物ではない。だから建築確認申請などいっさ

い不要だと主張。もう用途地域区分に関わらず、たとえ住居地域であろうとも、規制なく自由に施工できるという理屈だった。そういった業者が凄まじい勢いで注文をとり街中になりふり構わず駐車場を建てまくったわけだ。駐車スペース確保に苦労していたパチンコ店などが諸手を挙げてこれに賛同、導入していったため、かなりの数が普及した。その当時、私たちはまだ機械式のタワーパーキングをやっていたが、商売としては面白そうだから一枚かんでおこうと思い、数件ほど手を出した。何を隠そう先ほど紹介したうちの自走式第1号もその類だ。

ところがそういった施工方法に対して国から物言いがついた。国土交通省の建築指導課が出てきたのだ。「おいおい、どこにできるかわかったもんじゃない。こんなところに建築物もどきを申請もなく勝手に作るな。街が乱れる」とたいそうご立腹。やはり作るときには確認申請を出して正式な手続きを踏んでもらわなければ困るという。しかしメーカー関係者は「何を偉そうに。建築基準法に照らして、壁も床も屋根もないものは建築物じゃない。だからどこであろうと自由に設置できるはずだ」とゴネまくった。うまく法の穴を突かれてしまった建築指導課は、結局のところ、何も強要することはできなかった。

そうはいってもグレーゾーンではあるがほとんど黒に近い。すったもんだの末、苦肉の策なのかどうかは知らないが、国の側も一計を案じた。ちゃんとルールを守らせようと大臣認定制度を作ったのだ。面倒な申請作業は1回だけにするから簡単に設置できますよと、ある意味で飴を与えたというか、自分たちの管理下におくべくエサをちらつかせたわけだった。

　すると業界は二つに割れた。建築確認申請を無視するグループと守るグループ。私は今まで前者と組んでやっていたのだが、今後の展開を慮るに認定をとったほうが得策のように思えた。だからうちは遵法でいこうと決めた。まずもって役所や国土交通省と喧嘩してもろくなことがない。結果は想像したとおり、国の勝ち。好き勝手やっていたグループはしだいに淘汰されていった。無許可でどこにでも建てられるなんて無茶苦茶だし、ぶっちゃけた話、業者たちも原価1000万円のものを3000万円で売ってボロ儲けしていたのがかつての実状。そこはやはり是正が必要だったと思う。ある種の寡占状態だったとはいえ、こんな商売を長く続けられるわけもないのだ。

　そうして平成7年には、うちも「日本プレハブ駐車場工業会（現：日本自走式駐車場工業会。以下、NP）」に加入した。これは平成5年、工業会が当時の建設省とタイアップして〝駐車場もどき〟を撲滅すべく設立した業界団体。現在は一般社団法人に移行しているが、もとは建設省の指導のもと結成された一任意団体がそのスタートだった。国土交通省は平成13年1月6日、4省庁（運輸省・建設省・北海道開発庁・国土庁）を統合して誕生したことを補足しておく。

ともかく大臣認定を取得するにあたり、まずここに入会しないと諸般の申請がさせてもらえない。したがって、きちんと法に則した駐車場を作ろうというところはみなここの会員だと考えてもらって差しつかえなかろう。

NPの理事長に就任

私たちはそうして順調に認定を取っていったが、ひょんなことから平成14年、NPの理事へ就くこととなった。当時、こういった駐車場をやっているところが20社くらいある中、うちの実績はまずまず高いほうだった。ある程度の実績がないと理事にはなれない。

それから数年、いろいろと仕事をこなしているうち、私を理事長に据えたいという話が持ち上がってきた。これには他メーカーの思惑もある。というのも、コンプライアンスが声高に叫ばれはじめたのがちょうどこの時期。そんなわけで、大手企業はコンプライアンスに関わるからと理屈をこね、理事長を引き受けようとしない。理事長になったら転勤の辞令をおいそれとは出せないだろう。そのあたりも理由としてあるかもしれない。

したがって、どうしても私たちのような人間にお鉢が回ってくる。あれよという間に平成21年5月21日、理事長のポストに就くこととなった。

NPは有志が立ち上げた団体なのは確か。ところが先ほど述べたように〝建設省による指導のもと〟といった但し書きがつく。建設省などの行政はこういった組織に天下りつまり専務理事を送り込んでくる。現在は法律で天下り人事は禁止されているが、当時はまだそういった風潮があった。

案の定、NPにも国土交通省から専務理事という肩書でいわゆる元エリート官僚が来ていた。東京大学で建築を学び、国土交通省の本部に入り、課長になったキャリア組だ。これはもう建築基準法はもちろん法的な問題に関しては超ベテラン。何にでも口を出してくる。さらに困ったことに国土交通省との折衝あれこれにしても古巣だから顔が利く。こうなると実権は彼の手にあるようなものだった。専務理事だから理事よりも上だし、前任の理事長ですら頭が上がらないから、もう言いなりになるしかない。

そんな中、私に理事長を受けてほしいと前任者が言うので、ある条件を提示した。

「見たところ専務理事が実質、NPの理事会を切りまわしているようだが、こんな状態はよろしくない。やっぱり理事長がすべての責任において組織を統御すべきだろう。この話を受けてもいいが、就任したあかつきには、彼にはもう少し遠慮していただく」

と、私はこんな気質だからはっきりと注文を付けた。

するとややあって、どこで小耳にはさんだのか、件の専務理事が「清家さんの性格はよく知っている。あの人が理事長では仕事がしづらい」と退任の意向を伝えてきた。個人的に確執があったというわけではないから、おそらくプライドの問題だろう。

こんな経緯があって、また面白いことに「清家さん、あんた下手をうったね。国土交通省のお偉いさんを追い出したりしたらあとあと問題が起こるよ」なんて前理事長が言うものだから、私は笑って「問題なんて起こりません。次に寄越すのは、理事会の意見をきちんと聞く方にしてもらいたいだけです」と返しておいた。前任が辞めたらまた新しい専務理事をお願いするだけのこと。別段これといったしがらみはない。それに国土交通省にはしょっちゅう挨拶に行って顔をつないでいたし、大袈裟に心配するようなことでもなかった。ともかく、後任の専務理事として来ていただいたのは、ＮＰをしっかり支えてくれる人だったので結果オーライとしておこう。

私が理事長になってさっそく掲げた方針は、何をさておき、ＮＰは国土交通省の下部組織じゃないということ。言いなりではなく、ＮＰの会員が国土交通省に対して有利に展開ができるよう交渉してゆこう。ある意味でこちらは圧力団体だから遠慮は要らない。むろん国の要望はできるかぎり聞くが、撥ねつけるところは撥ねつける。そして3カ月に1回は勉強会をやって個々人であらゆる面に詳しくなろう──そんな風にＮＰは会員みんなのための組織だとまず意識を変えた。すると過去に前例のないことを次々とやる姿勢が歓迎されたのだろう、清家さんはバランス感覚が良いと会員にはおおむね好意的に捉えてもらえたようだが、それもそのはず、私のところは九州限定のニッチトップ企業だから他のメンバーの商売を邪魔するでもなし、九州の他には手を広げていないため、むしろ応援するような気持ちが強かった。みなさん東京やらの主要都市でどんどん注文をとって業界を盛り上げてくださいなといった感じだ。

こうしてＮＰの理事長を任期満了まで務めた。2年経つと退任。これは総会の日にちに合わせたものだ。続投を望む声もあったのだが、年齢も年齢、私としては切りの良いところで退きたいと思っていた。それに理事長というのはなかなかにハードワークで、毎月、理事会や打ち合わせのため東京の事務局に通う。加えて、こういった組織には応援団体を作りましょうということで議員連盟が結成される。いわゆる〝NPを応援する会〟には自民党の大物議員などがバンバン名を連ねていたから、理事長としてはそちら方面への挨拶まわりも滞りなくこなさねばならない。もう盆と正月は議員会館それから自民党本部へ、毎月のように国土交通省へと、理事長のそういった挨拶まわりは決定事項だ。私だってもう若くはないから、そりゃもう大変。いい加減に楽をしたいものだと考えていた。

平成22年の9月。念のため福岡山王病院にて2泊3日の人間ドッグを受診、検査をしてもらった。そこで前立腺がんが見つかった。診断結果に驚きこそしたが、この先どう転ぶとしても、きちんと今現在抱えている仕事を整理しておく必要がある。したがって、理事長は次の者に任せて治療に専念することに決めた。そんなわけで、関東地域の内藤ハウスの飲島専務に後任を頼んだところ、なんとか了承してくれた。

こうして私はNP理事長の役目を、後半は大病を患いながらも2年きっちりと果たした。そんなある日、泌尿器科で有名な原三信病院をセカンドオピニオンとして今後の治療方法を検討しようということで、何度目かになる精密検査を受けた。するときれいさっぱりとがんが消えていた。医師もまわりの人も、むろん私だって大変に驚いた。奇跡というほかない。日頃の行ないが良かったから――というのであればもっけの幸いなのだが、私にはどうも理事長のストレスから解放されて快方に向かったように思えてならない。まぁいずれにせよ、ちょっとした笑い話で済んだ。

ＮＰの理事そして理事長を経験したことは、とても勉強になった。国土交通省の偉いさんから自民党の役員や顧問、そういった大物連中と仲良くさせてもらって、いろいろと得るものが多かった。体調不良が原因で２期目は引き受けられなかったが、とはいえ、会員のためＮＰを変革するという目的は達成できたと思う。よって、個人的には良いタイミングで退けたと思っている。

第3章
時代と共に生きる

駐車場のトータルカンパニーを目指して、セイワパークマネジメント㈱を設立

平成11年、「セイワパークマネジメント㈱」を設立。本社をセイワシステムと同所に置く駐車場の経営・管理運営を専門とした会社だ。企画・設計・施工を手がけるセイワシステム（SS）と、保守に特化した清和エンジニアリング（SE）、そこへセイワパークマネジメント（SPM）が加わって3本柱となり、いよいよソリューション営業が可能となった。さっそく名刺にも〝駐車場のトータルカンパニー〟のコピーを入れ「総合的にやっていますからどのようなご相談にも応じられます」と入れることにした。

正直なところ、この時はまだメンテナンス・リニューアル部門が赤字だった。というのも保守は数が増えるほど黒字になっていくもので、お客さんが少ないとまったく儲からない。案件の多い少ないに関わらずメンテナンスには技術者が要る。すなわちきちんとした仕事をするにはそういった人材を一定数、まずは確保せねばならない。そしてお客さんが増えた時もその技術者たちが中心となってなんとか業務をこなす。だから利益をあげるためには、相応の年月をかけて地道にじっくりと業績を伸ばしていく必要がある。駐車場の保守とはそういった商売で、ついでに言っておくと管理・運営のほうもまったく同じ。

うちの場合は本体であるセイワシステムの経営が完全に軌道に乗っていた。だからこそ

赤字部門も育てることができたといえよう。人によってはどうして収益がマイナスになるような会社をわざわざ立ち上げたのか不思議に思うかもしれない。しかし私には、ソリューションつまり提案型の営業ができるようにしたいという明確なねらいがあった。ハードウェア・ソフトウェア・人員を組み合わせてシステムを構築し、お客さんに提供できれば、受注型のようにただ待つのではなく積極的にアプローチがかけられる。これこそが、総合的な専門業者ならではの強み。

そしてもう一つ、この時もまた商人《あきんど》の勘が働いたのだった。たしかにセイワシステムは好調だが、いくら黒字続きといってもやはり波がある。しかもここのところ、業界の雰囲気というか吹きこんでいる風が、どうにもきな臭い。

機械式から自走式立体駐車場へと切り替えた経緯については前章で述べた。少し補足しておくと、地主に直接注文を貰うと100％、サクッと集金できる。なぜなら発注者は土地を持っているからだ。土地があればそこの建屋については銀行がお金を貸す。自走式にはそういった収入面での利点もあった。しかしながら長い目でみれば、それは直接の安定には繋がらない。何故か。自走式立体駐車場はとどのつまり建築物にすぎないからだ。大地主と知り合って大きな注文が入る、そういった案件が毎年のようにあるかと訊ねられたなら、厳しいと答えるほかない。

調子の良い時は良い案件が面白いように舞い込んでくる。ひるがえって、この3カ月は見積もりばかりであまり注文がとれないなという時期もかならず訪れる。大手のゼネコンなどは、北海道から沖縄、場合によっては海外までといった非常に広範囲でやっており、そのため地域別の好不調はさほど影響がない。トータルで考えて四半期は九州では伸び悩んだけれど関東は良かったという感じだろう。

SPM（ソフトウェア）部門で経営が安定

そんな風に一括して考えられれば御の字だが、うちの場合はそうもいかない。九州・沖縄地域での実需が悪かったらそれまでだ。どうしても駐車場を建てるという仕事だけでいくと波が出てしまう。ともかく、これからの時代を生き残っていくためにも安定した収益のものを組み合わせていかねばならないだろうと私は考えた。設計・施工と保守部門はもうある。そこで目をつけたのが駐車場経営だった。これは独立採算というか、三つめの会社を立ち上げてしまえば速やかにことが運ぶだろう、と。

まわりを見渡せば、この頃からソリューション営業で成功をおさめた例がちらほら出ていた。たとえばＩＢＭ。古い人には説明するまでもないが、あそこはコンピュータ業界のトップだった。事実、ＩＢＭはコンピュータにおいて技術面では群を抜いていた。世界的なシェアを考えても、大型から小型まで、コンピュータに関してはＩＢＭが牛耳っていたような状況だ。

さりとて今のＩＢＭがコンピュータ会社かといえば、違う。売上げにおけるコンピュータの販売比率を見ると10～20％にすぎない。あとの80％以上がソフトウェアになっている。これが何を意味するかというと、預金の引き出しも貸し出しも、銀行がそれら全部をコンピュータ化したという証。そして、システムを各銀行に提供しているのはやっぱりＩＢＭなのだ。さすが大手、きわめて広く商売しているなと感心してしまう。

私もこれからはソフトウェアの時代到来と考え、それを手本とした。駐車場を受注して建築する。いうなればこっちはハードウェアだから、今後はソフトウェアの分野にも進出したい。ハードとソフトをうまくミックスしてやると経営が安定すると考えたのだ。

できあがったものを管理・運営するのは、品物それ自体が動くわけではないから、ソフトウェアに該当するだろう。そんなわけで経営戦略上、ＳＳ、ＳＥ、ＳＰＭという三段構えにしてみた。結論からいえばこれもまた、大成功だった。

リーマンショック後の谷底から現在の好景気へ

流れとしてはこうだ。リーマンショック後、平成21年の民主党政権時代から景気が急に落ち込む。ビル予定地も、テナントが入る見込みがないということで更地のまま。福岡市内でもあちらこちらに放置された空地がみられるようになった。そんな土地を遊ばせていても仕方ない、どうせなら駐車場にでもしてしまえというわけで、どこもかしこも右へ倣え。やたらにコインパーキングを作るようになった。

するとどうだ。単純な話、同じ商品があふれかえるような状況であればどんどんと単価が下がっていく。また、6年くらい前だったか、立体駐車場の需要そのものも落ち込んだ。競合他社も次々と倒産したり駐車場業界から撤退したりで、うちも駐車場の施工部門が赤字に転落する状況に陥った。ところが、私はこういった逆境を見越して運営部門を設立していたのだった。セイワパークマネジメントはもうこの時、順調に儲けを出せるまでに育っていた。つまり三社を総合して損益を見た場合、適正な黒字を計上することができた。

確かに今はコインパークが乱立している。それらは単価も安くほとんど儲からない商材。でも、いずれそういった場所もビルへと変わっていく。となれば今度はまた立体駐車場が必要になってくるだろう。ゆえに目先のことに惑わされて設計・施工から手を引くのは得策ではない。山があれば谷がある。経済というものには浮き沈みがつきものだ。今はただ耐えて乗り切ろう。

現在どうなっているか。ご存知のように、やはりコインパーキングはその数を減らしている。再開発が進んで次々とビルに置き換わっていったのだ。さらに言ってしまうと、海外からどんどん観光客が訪れるようになってホテルなどが不足。中国の富裕層も投資目的で土地を狙っているから、とりわけ一等地なんかの地価がものすごく高くなった。もはや細々とやるより土地ごと売ってしまうほうがよっぽど儲かる。そんな理由からコインパーキングは減少していき、最終的には駐車料金が2倍近くまで上がった。

そうして再び立体駐車場が求められるようになったわけだ。設計・施工部門もしっかり息を吹き返した。私の算段どおりにというよりも、これが必然だった気がする。なぜなら自動車はこの世からなくなったりしないから、いうなれば駐車場は家の下駄箱と一緒。靴がいつのまにか増えていき、そうなると下駄箱もちょっと大型が欲しくなるもので、靴があるかぎり下駄箱は不要にならない。車と駐車場の関係性もそれに似ている。

SPM部門の設立からの軌跡

ちょっと脇道に逸れてしまったが、セイワパークマネジメントの話に戻す。駐車場経営は昔からぽつりぽつりと手がけていた。セイワシステムの頃からだ。よって、セイワパークマネジメントを設立したからといってそこが始まりではない。設立する前にも10社程度の駐車場経営は持っていた。けれど当時は自社物件が無く、つまりはちょっとした小遣い稼ぎ、あるいはアルバイト的なものでしかなかった。そこで少しずつためていったノウハウを活かし、管理・運営部門を独立させてから自社物件も増やしていったわけだ。

人間は一人では生きられないという。だからお互いに助けあって生きていく。これは会社だって一緒。良い意味であらゆる業界からノウハウをどんどん吸収し、自分のものにして、そうやって得たものを活かす。これが経営において成功を収めるハウツーだと思う。

まぁ悪い意味でとらえると他所からどんどん盗む、となる。飾らずに言えば吸収するも盗むも一緒。言葉が違うだけでやっていることは同じ。だから私は同業者とは結構仲良くしていた。ある意味ではずるがしこいと思われる一面もあるだろう。ああいった知識と技術が欲しいときは共同事業ということで技術料を支払いながら自分のノウハウを蓄積し、アイデアをプラスしていく。私はそれが得意分野の一つだった。相手の優れたところを見抜いてスッと吸収できる。良いな、欲しいなと思っても、自分にその熱意や能力がなかったらできはしない。

さて、セイワパークマネジメント設立の背景を具体的に説明するとすれば、やはりお客さんからの要望といった部分を抜きにしては語れないだろう。それに関連深い縁故について、ここで話しておきたいと思う。

当時、大分に吉村薬品（現：株式会社アステム）という企業があった。代表取締役社長の吉村さんは、大分県商工会議所の会頭を兼任されていたり、地元ではとにかく著名人。ちなみに吉村薬品っていうのは九州でもトップクラスの薬品販売会社だ。そんな分限者《ぶげんしゃ》（お金持ち）の吉村さんから「自宅の跡地が大分の駅前にある。この土地をどうしたものかと考慮している」といった相談があった。私はもちろん、「そこはすぐ近所にトキハ百貨店や九州電力の大分支店がありますね。もう一つ大きなデパートもある。したがって立体駐車場にすると結構な収益が見込めそうです。うちがちょっとレイアウトしてみましょう。もちろんできあがった後の管理・運営もできますよ」なんて総合的な提案をしてみた。すると吉村さんはさすがひとかどの人物というか、決断力がある。「よし！　気に入った。お前にやらせよう」と二つ返事で承諾。そうして完成したのが吉村モータープールだ。設計・施工をうちが約5億円で請け負った。

その後の管理・運営も、計画通りの数字を計上することができた。これには吉村さんも大いに喜んでくれた。毎月そんなに家賃が入るなら御の字だというわけだ。じっさい申告どおりの売上げがあるからうちもまったく損はしない。

その後も吉村さんからは大きな案件をいただいた。発端は、

「東比恵の交差点に600坪の土地が売りに出ているみたいだが、どうだろう」

といったなにげない相談だった。吉村薬品が大手薬品会社と吸収合併して社名もアステムへと変わり、いずれ建てる本社ビルの予定地を探していたおりのことだ。吉村さんの息子さんがその場所に目をつけたという。私はすぐにこう返事をした。

「あの土地は良いですねぇ。地下鉄の駅もできることだし、きっと立派な土地になりますよ。今のうちに買っておいたらいかがでしょうか。時機が来るまでしばらくは駐車場を経営しましょう。そうすればお荷物にはなりませんから」

そういうことで吉村さんが土地を買って、うちがまた駐車場の管理・経営を担当。そこは場所が良かったこともあって、連日満車状態だった。

営業においては「会えるのであればできるだけ上位の人物と会え」というのが私の考え

方だ。経験からいっても、やはりそういった人が良い物件を持っているものだ。吉村さんの場合は運よくうちのほうに相談がきたわけだが、事前に顔つなぎができていたから話を拾えたという面もある。ただ、今であればそれも難しいだろう。あの頃、駐車場の管理・運営のみで一生懸命やっているという会社はせいぜい数えるくらいしかなかったように思う。今やもう100社以上あるから、うちが話をもらえる可能性は低かろう。当時はライバルが少なかったというのも追い風となっていたのだ。

ともかく、こうして良い案件にめぐり会えたセイワパークマネジメントでは、設立当初からずっと黒字が続く。今後も駐車場の経営・管理・運営の分野はどんどん伸びるぞという確かな手ごたえを感じている。

西鉄久留米駅前の大型立体駐車場を買収

そうして順調に実績を重ねていくと、噂を聞きつけたのかどうか、福岡ではある程度名の通った不動産会社が面白いネタを持ってきた。なんでも西鉄久留米駅前にうってつけの物件があるという。名前を出してしまえばダイエーだが、そこが業績悪化のため撤退するとのことだった。店舗横には大きな立体駐車場があって、それぞれ行き来できるようになっている。

この物件はとあるお医者さんが持っていた。ダイエーが個人に建てさせてまるごと借りていたわけだ。したがって所有権つまり名義は土地も建屋もその方のもの。当然ながらダイエーが撤退したなら契約は解消。オーナーとしては解約金を貰いはしたが、もう売りに出したいというのが一連の流れだった。

不動産というのはやっぱりツキに左右されるものだと思う。こういった話が運よくうちに舞い込んだ。これがまたなかなかの土地で、西鉄久留米駅から徒歩5分と近く好立地。土地は400坪で、マンション業者が提示した金額が2億5000万円と聞いていた。そんな中、私は2億8000万円を提示して平成14年7月、成約した。すでに建てられた6階建ての立体駐車場の建屋をぜんぶ活かせるわけだから、清掃やペンキ塗りなどで内外装の汚れをきれいにして再利用できる。その費用が3000万円くらいかかるとしても、結果、出費は3億円ちょっとで収まった。

ちょっとした内輪話をしておくと、売買契約を交わす時、私はこうも要望を出した。

「そちらは2億8000万円のお金が入ればいいんでしょう？　では売買契約書の内訳にはこう記入してもらえませんかね。土地は1億4000万円、建屋も1億4000万円。

合計2億8000万円、と」

先方としてみれば土地と建屋をあわせて解体作業もなく2億8000万円が入るから、どっちがどうでも支障はきたさない。しかしながら、買う側にとってはずいぶんと勝手が違ってくる。

というのも、土地の簿価は2億円で買おうが1億4000万円で買おうが永久にそのまま。減価償却できないためだ。建屋については中古物件ということで経年とともに減価償却でどんどん落としていける。こちらがゼロになると今回のケースでいえば帳簿上の資産価値が1億4000万円になる。ここに目をつけた。減価償却というのは、お金は出ていかないけれども経費で全部を落とせる部分だ。したがって久留米の立体駐車場は、極端にいえばもう建屋の資産価値がゼロに近いのに年間の売上げが6000万円近く上がっている、うちの優良資産だ。

これと同じような自社物件が大分にもある。都町という一番の繁華街だ。そこは大きな道路沿いで、一帯がビジネス街だが、少し中に入ると飲み屋街になるようなところ。一歩中に入った350坪の土地が売りに出たので平成18年3月、そこを買った。

もとは大分銀行の紹介だった。見たところ場所はメイン通りから一つ入っている。けれども駐車場経営については問題ないとの直感が働いた。なぜならビジネス街と繁華街がすぐ隣あっていたからだ。昼間には仕事をする人が集まり、そして夜は飲み屋街に繰り出す人が車を停めるだろう。ここに駐車場を作ってやれば昼も夜も稼げるとあたりをつけた私は、土地の購入代金として2億円、駐車場建設は専門だからその費用が2億円、合計4億円を投資した。これまた順調にことが運び、現在では一年につき6000万円ほどの売上げとなっている。年間の利回りは表面的にいえば15%だ。

さらに平成22年、都町に匹敵するくらい好条件なものが見つかった。場所は鹿児島、天文館の文化通り。大通りはビジネス街で少し内側に入ると繁華街という都町と同じような雰囲気の土地だった。そこでなんと立体駐車場付きのビルが売りに出た。聞くと、東京の業者が14億円で買って、それが民主党政権下でちょうど不景気のどん底、とてもやっていけないから手放すという。景気も悪く日経平均株価も下がりに下がっていたようなご時世だから、平成22年3月、うちが買いましょうとさっそく手をあげて7億円で話をつけた。あちらが買った値段のほぼ半値だ。

そうしていざ買ってみたものの、もとが赤字物件だったから前の経営者がまったくお金をかけていない。鹿児島という土地柄もあって火山灰が屋上に10㎝くらい積もったまま放置されているような惨状で、誰が見たっていわゆるあばら屋だった。だが私たちだって専門家。この程度なら1000万円ほどかけたらピカピカになると見定めた。そうして灰の除去はじめ大掃除を開始。また、この建物の地下1階にはパチンコ店が入っていたのだが、そこも夜逃げしてシャッターを閉めていた。これも全部撤去してしまえということで、なんだかんだでさらに3000万円以上の改装費用がかかった。それでも今は年間の売上げが1億2000万円もあるから、7億円というのは不況だったとはいえお買い得だったと思う。

減価償却ののち経費を引いても、久留米、都町、天文館の3物件を合わせた安定した利益が確保されている今、自社物件で安定的な収益物件があるおかげで積極的に打って出られる。そうした好循環を生み出すことに成功したセイワパークマネジメントは、経営上、ゆるぎない収益の柱となっていったのだ。

不況に強い「作る」「使う」「維持する」——3本柱を実現

施工部門は案件によってはリターンも大きいが、やはり景気の影響をモロにうける。そこで、せっかく駐車場を建てたのであれば、そのメンテナンスも手がけてはどうかと保守部門を立ち上げた。そして駐車場に特化したトータルカンパニーとなるためには運営部門も必要だということでそれも作った。それぞれかねてより準備し、時宜をみて会社を設立していったのだ。こうして景気に左右されない安定性を得た。また、すでに述べたようにソリューション営業も可能となった。

3つの会社がこのようにして整ったことで、理想というか、私の思い描いていたかたちを作ることができたといえよう。不況に強い3本の柱《コア》ができたのだ。言い換えれば、企業が最も安定するのは3本の柱を打ち立てること。業界が傾くと1本の柱では支えきれずに倒れてしまう。3本あれば残りの2本が踏んばれるからおいそれとは倒れない。

ところでちょっと話は変わるが、自走式の立体駐車場にはプレハブ駐車場のほかに認定品ではないような大きいものがある。だから実際のところ、世の中にはプレハブ式と一般的な自走式の2タイプが存在している。先に紹介した大分の吉村モータープールなどは後者。一般の自走式だ。プレハブの規格に収まりきらない超大型の駐車場で、扱いとしては一般建築物になってしまう。

ただ、規模が違うだけで工法はほとんど一緒。うちはその両方をやっていたおかげで設計・施工部門が廃れずに済み、むしろ軌道にのせていけたというわけだ。気兼ねなく言わせてもらうと、どちらか片方しか扱わないような会社は、けっきょくこの業界では生き残れなかった。プレハブにしても一般の自走式にしても、大手といわれるような企業が日本全国でやっていたが、揃いもそろって実質、倒産。これはおよそ7〜8年前、民主党が政権をとった時が顕著だった。リーマンショックが端緒を開いた世界的な大不況は、いっこうに回復の兆しを見せず、そんな不景気のあおりを受けて駐車場業界も大半の会社が壊滅状態となった。

自走式駐車場建設の大手2社が姿を消した

少々突っ込んだ話をしよう。プレハブではない自走式立体駐車場において主導的な立場にあったのが大井建興株式会社と総合駐車場コンサルタント株式会社の2社。どちらも名古屋の会社で、全国的に大手でもあり、連続傾床式を得意としていた。これは床に角度が付けられていて、駐車しながら一周すると一階ずつ上がっていき、いつのまにか2階から3階になっていたというような立体駐車場を想像してもらえばいい。そういった作りで各フロアに駐車スペースが設けられているタイプのものを連続傾床式と呼ぶ。

アメリカ合衆国ではずいぶんと昔からあるタイプの駐車場だが、日本ではさほど一般的ではなかった。それを総合駐車場コンサルタントの堀田社長（当時）が現地で見てきて、日本で特許申請をしたところ、特許庁から認められた。ここまではいいだろう。アメリカでは車路の一方向だけが傾いている。日本で申請したものは土地が狭いこともあってすべての車路がフロアごと傾床している。だから独自のものと認めましょうというわけだ。

しかし堀田氏が大井建興の元社員という部分が問題だった。大井建興に勤めている頃に絵を描いて、辞めるやいなや申請したのだ。こうなると大井建興も黙っていられない。「社員として業務上で手に入れたノウハウであるにも関わらず、うちを辞めてすぐ特許申請に走った。したがって当然、我々にもこの特許を使う権利がある」と裁判を起こした。日本ではこの両者が連続傾床式のパイオニアとして幅を利かせていたため、私はどちらと手を組もうかと考えた。両者とも連続傾床式であることに違いはないが、結局は、特許それ自体を持っている総合駐車場コンサルタントを選んだ。もちろん、取引の都度、特許料すなわち技術料を相当額支払った。

特許が切れるのが出願の日から数えて20年だから、平成9年には特許切れとなった。そしてうちはその頃にはもう他所を頼る必要がないほどのノウハウを蓄積していた。よって、平成10年に38条大臣認定を申請し、これを取得。以後は自分たちで連続傾床式の立体駐車場を随意に扱えるようになった。

総合駐車場コンサルタントにしても大井建興にしても、長い間、特許料といったかたちで収入を得ていた。そのため、特許の失効と同時に経営が悪化するのは自明だと思う。

3本柱を統合したセイワパークの誕生

さておき、こうした経緯があって大手のうち2社が消えたことで、有利な営業活動が可能になった。それまでは設計・施工を主とするセイワシステムのほうは収益にブレがあった。赤字になったり黒字になったりして経営がどうしても安定しない。そして保守を担当している清和エンジニアリング、こちらは赤字になることはないが成長はゆるやか。

いっぽう、管理・運営のセイワパークマネジメントはすこぶる順調に1億円近い利益を出している。そこで、もう3社を統合してしまおうか、そうすれば人も自由に動かせるようになるし便宜上、組織づくりもしやすかろうということになった。

そうして名前を平成25年に「セイワパーク㈱」とし、業務を一本化した。

この形態で現在に至っている。また、これについては面白いことがあって、平成11年に会社のホームページを作ろうかという時、セイワシステムという名称を使おうとしたらすでに登録されていて使えなかった。でもって、セイワパークという名称なら使えるというのだ。仕方がないからホームページはセイワパークとした。そして大臣認定も「セイワパーク〇〇型」というかたちで認定をとっていった。

これが合併する時に良い結果を招くこととなった。怪我の功名というか、もともとホームページも大臣認定もすべてセイワパークという表記を使っていたものだから変える必要がない。そういう面では運よくことが運んだといえよう。

さて、余談はここまでにして、統合して良かったことを具体的に述べよう。冒頭では柱にたとえたが、ここでは〝三矢《さんし》の教え〟を引用したほうがわかりやすいと思う。一本の矢ではたやすく折れるが、三本を束ねた矢は強い。昔の教訓だが、これは今もじゅうぶんに通用することだと思う。じっさい、セイワパークにしても統合したらやっぱり相乗効果が出て業績があがった。

いつの間にか時代の流れはハードウェアからソフトウェアへと移りかわっていった。一次産業、二次産業、三次産業。最近ではもう四次産業（知識集約型産業）まで提唱されているほど。もはや四次までいったら完全にソフトだ。そういった意味では、次々と押し寄せる荒波を上手く乗りこなすことができたと思う。つねに先駆けて動きを変えたのが良かったのかもしれない。

こうしてセイワパークが駐車場経営のほうでも成功したことは業界でも話題になり、みなの知るところとなった。そこでいくつかの競合他社が「セイワパークは三本柱でうまいこと立ち回っているな。よしよし、我々も真似しよう」と考えたようだ。けれども軌道に乗せようとすれば何年かはかかる。それをじっくり辛抱しきれるかというと、できるところは少ない。

こんな実例もある。かつてＮＰの理事長をしている頃はスピーチで喋る機会も多かったのだが、ある日の会合で私はこんな話をした。およそ30社、50人くらいの役職ある同業者が集まる中でのことだ。

「当社はたしかにプレハブ駐車場を中心にやっております。しかしながら、メンテナンスの会社、それから駐車場管理および運営を行なう会社もございます。最近ではそちらが好調で、けっこうな利益をあげております。みなさんは駐車場の建設しかやっておられないようですが、もしも興味がおありなら、管理・運営のノウハウを私どもが提供いたしますので、ここは一つ、チャレンジしてみられてはいかがでしょうか。うまくいけば経営が安定しますよ」

と、かなり踏み入ったところまで言ったように思う。すると3～4社がやってみようと駐車場経営を始めた。ところが結局、頓挫してしまった。ここは確実に儲かるという物件を持たないから、人件費だけが先行し、経費のほうが高くつく。そんな躓きを見て、商売というものは些細なことでもまったく状況が違ってしまうものだと切に感じた。こちらが手取り足取りノウハウを教えても惨憺たる結果になるのだから、考えなしに真似をしようとするところはなおさら。そう簡単に結果が出るものではない。

結論からいうと、駐車場の設計・建設部門、メンテナンス部門、管理・運営部門これら3つをきちんとこなしているのは、現在、日本全国でうちだけ。

たとえば〝Ｔｉｍｅｓ（タイムズ）〟で有名なパーク24なんかは東京を拠点にして世界的にも展開している駐車場管理運営の最大手。たいした会社だ。ただし駐車場の建築部門は持っていない。それから文中でこれまでも頻繁に名を挙げてきたＩＨＩだが、あちらの設計・施工部門はものすごく強い。日本国内で括ればトップシェアを誇るくらいの存在だ。ただし管理・運営部門はなし。ということで、セイワパークのように三拍子揃い踏みというのは全国でも類をみないケースなのだ。

いざトータルカンパニーを目指そうとなっても、成功に結びつけるのはなかなかに難しい。新規に立ちあげる部門は基本的に3年間は赤字を覚悟すべきで、４年目から黒字にするぞという意気込みで頑張ることになる。その間の赤字を補うためにはメインの業務つまり本体がしっかり利益を出す必要があるのだが、うちの場合はスムースに設計・施工部門から管理・運営部門へとそれが転じていったように思う。

パークアンドライド構想の推進

「パークアンドライド」という言葉を聞いたことがあるだろうか。駐車場業界に身をおいていればしょっちゅう耳にするであろうフレーズだ。もう全国的にどこもかしこもやっているくらいメジャーになっている。ただ、世間一般の方にはまだそこまで広まっていないだろうとは思うので、簡単に説明しておく。

パークアンドライド（park & ride。以下、Ｐ＆Ｒ）とは道路と鉄道あるいはバス路線を一本化して考える交通手段のこと。マイカーで駅や停留所まで行き、隣接した駐車場に車を停めて、電車やバスに乗り換えるというものだ。主に郊外から都市部に向かう人々にこれを推奨することで都市部における交通渋滞の緩和が見込める。また、排気ガスによる大気汚染も軽減されるため環境にも優しい。

もともとは欧州で発案された交通政策の一つだったと思う。その後、アメリカ合衆国などにおいても広く普及していったようだ。海外ではパリやプラハなど有名な都市でさまざまに採り入れられているが、日本における一般的な認知度はさほど高くないといわざるをえない。各自治体や鉄道会社もかなり頑張ってはいるものの、わが国でP&Rが注目されるようになったのは比較的最近のことだからだ。

駐車場のトータルカンパニーを名乗る以上、うちもこのシステムについて明るくなければいけないなと思い、以前、視察のためヨーロッパの各都市を訪れた。なかでも特に興味を惹かれたのはドイツのフライブルク。「環境首都」なんて呼ばれるだけあって、ここは面白かった。観光地として人気の大都市だけに繁華街も賑やか。しかし見どころはやはり旧市街という区画で、そこには大聖堂や塔、水路、劇場や大学などがあり、古き良き情緒を今にとどめていた。

フライブルクの旧市街にはトラム（路面電車）が走っていて、駅もある。だが交通手段はそれだけ。自転車はともかく、車もバイクも一部の業務用車両を除いては旧市街に入ることができない。そのかわり、街のすぐ外側を囲むように敷かれた都心環状線には大規模な駐車場がたくさん設置されている。要するにフライブルク旧市街へ来るなら車はそういったところに停めて電車でどうぞというわけだ。

こういった取り組みはまさにＰ＆Ｒそのもの。うちもそういった都市計画がもたらす好影響に括目し、各自治体や駅周辺の土地オーナーに実施を働きかけていった。そして平成12年にはＪＡ糸島との提携に成功、セイワパーク前原駅北および南を管理・運営することとなる。

福岡市のベッドタウン的な側面をもつ糸島市。その中心駅でもある筑前前原駅は電車を利用すれば福岡市内まで約30分、なかなかに至便なエリアだといえよう。しかしながら、車で通うとなれば朝夕の通勤ラッシュに巻き込まれ1時間30分ほどを要す。それでもドアツードアの便利さからマイカー通勤が多いのが実情だった。電車を使う場合も、バスで駅まで出るくらいの距離に住む人にとっては、けっきょく時間がかかってしまう。したがって、もし駅のそばに廉価で利用しやすい駐車場があったなら――つまりＰ＆Ｒの環境を整えれば、活用する人が増えるのではないかと考え、ＪＡ糸島と手を携えた。市民の自家用車保有状況や電車利用の是非など種々の調査を行ない、じゅうぶんな利用が見込めると判断し、駐車場の建設に着手したのだ。

Ｐ＆Ｒはそもそも、駐車場を作れるだけのまとまった土地を確保しなければ話が始まらない。それが駅と隣接ないしは徒歩圏内の場所であることも肝要だ。そんなの郊外ならいくらでも余っているだろうと思うかもしれないが、逆に、そういった区画はしょっちゅう売りに出されるようなものとは違う。じつをいうと地方の駅をぐるりと囲む土地にはまず大地主がいる。筑前前原駅でいえば農協つまりＪＡ糸島がそうだった。

農協がどうして駅周辺の土地を押さえているのか。これは昔、生産した米などの農産物を貨物列車で大阪に送っていたことに端を発す。九州にくらべて近畿は人口が多く田んぼが少ない。ゆえに、九州で生産した食糧の多くを鉄道で運び、あちらに供給していた。こうした役割を担っていたのが農業組合と日本通運だ。当然ながら、駅には倉庫つまり米を集積しておく場所が必要だった。線路に分岐をもうけて貨物列車を引き入れ、荷を積む。したがって、地方の駅周辺などは農協か日通がかつての名残で土地を持っているケースが多い。そんなわけで前原駅のまわりの土地も例にもれず農協が所有していた。

ところがもう米を貨物で送るような時代ではない。ＪＡ糸島としては倉庫にしても仕方がないし、さてどう活用したものかと思案している——といった事情を友人が知らせてくれた。私はすぐに紹介者を伴ってＪＡ糸島を訪れ、

「駐車場を経営されてみてはいかがでしょうか。というのも昨今ではパークアンドライドという考えかたが注目されておりまして、私が思いますに、筑前前原駅にはこのシステムがぴったりと適合するような条件が備わっております」

と、このように提案した。資料も見てもらいながら思い描く完成図を伝える。北口の広いスペースには平面駐車場、南口は駅や商業ビルと隣接した立体駐車場を作り、車と自転車・バイクをそれぞれ５００台、合わせて１０００台ほどが収容できる大規模な駐車場だ。ＪＡ側もこれに納得した。

そうしてＪＡ糸島の土地を利用し、駅の北側と南側それぞれに駐車場を作った。これが〝全国初に近い民間のＰ＆Ｒ構想〟といった評価をうけ、福岡市役所をはじめ国土交通省までがこぞって視察にやって来るなど、たいへんな注目ぶり。

ところが困ったことに、完成からしばらくの間は利用率が伸び悩んだ。想定していた数字よりずっと低い。そこで私は何か妙案はないものかと頭をひねった。しかしながら、あれこれ小賢しく策を弄したところで根本的な解決となりはすまい。けっきょくのところ、お客さんが一番喜んでくれるサービスは利用料が安いことだろうという結論に至る。

よって、躊躇なく料金を引き下げた。１日１回５００円。朝一番に来て夜中の12時までずっと停めていてもワンコインですという価格に見直した。500円であれば月に20日ほど使ったとしても1万円。月極めならさらにお得な6000円だ。浮いたお金でタバコの一箱でも楽しんでもらえるなら、それでいいじゃないか、と。

するとこれが近隣の人たちにたいへん喜んでもらえた。福岡市内まで高速道路を使うと片道620円ほど取られ、かつ、ガソリン代もかかる。だったら、料金もそんなにかからないし、大きな駐車場がある筑前前原駅までは車で行ってそこからは電車に乗ろう。そうしてしぜんとP&Rは地域に浸透していった。

値下げというカンフル剤を用いはしたが、結論をいえば、セイワパーク前原駅北・南はコンセプト的にもセールス的にも大成功だった。よって、いまだにJA糸島とは仲が良い。また、JRにしてもメリットがあったせいか、筑前前原の駅長さんが毎年カレンダーなどを送ってくれる。「おかげさまで乗客が増えました」といったところだろう。

福岡市内に乗り入れる車が減少したことは渋滞の緩和にもつながる。こうした貢献は行政からみてもありがたいはずだ。この成功事例が引き金となって、以降、全国各地でP&Rを推進する動きが生まれていく。うちもJR九州からの注文でJR熊本駅、JR水前寺駅ほかJR二日市駅、JR吉塚駅などに大きな駐車場を建設している。

このようにして今やＰ＆Ｒは枚挙にいとまがないほど全国どこでもやっている方策となった。しかしながら、きっかけが筑前前原駅だというのは間違いないはずだ。それ以前に似たような概念で作られたものがあったとしても「これがＰ＆Ｒです」とはっきり銘打ったのはうちが最初。これが一つの話題作りというか、世間に好意的な受け入れられかたをしたから成功したのだと思う。

その後、全国的にみて、とりわけ東京でＰ＆Ｒ推進の動きが強まってきた。事例をあげて説明すると、たとえば埼玉県で駐車場を作ったら、東京都から補助金が出るというような仕組みも用意されている。奇妙な話だけれど、東京都の主張もある意味では筋が通っている。「埼玉の人がみんな車で東京に入ってくると首都の交通網がパンクしてしまう。だから水際でなんとか阻止したい」という切実な問題があるのだ。東京に続いて兵庫県では神戸市もかなり強くＰ＆Ｒを推進している。そういった動きがあって全国的にも「Ｐ＆Ｒ」はスタンダードなものになっていった。

振り返ってみれば、筑前前原駅の案件を手がけた当時、民間の企業が安い料金で本格的にＰ＆Ｒをやったような事例はゼロに等しい。もっともなことだ。こういった構想の実現は本来、行政の仕事つまり自治体などが主導して設置すべきもの。とても民間の事業として成り立つものではない。その理由は明らか。定着させるには低廉な駐車料金が大事な要素であり、一般的な企業にとってこれは採算上、難しい。

とはいえよりいっそう普及させるためには、民間企業の参入による活性化もまた重要なファクターとなる。その昔、お役所仕事というものは渋滞解消のためと旗をかかげ、湯水のようにお金をかけて道路拡幅や新設工事に走りがちだった。私はそれに一石を投じる意味においても、P&Rを積極的に提案し、手がけていった。

もちろん、やると決めた以上は事業として成功させることが絶対だ。そんなわけでJRの各駅に建設させていただき、地域貢献をさせていただいた。ということで社会的責任がすこしは果たせたように思う。

69歳で現役引退—計画的に行なった事業承継

日本は世界有数の長寿国だ。私よりはるかにご高齢な方々が第一線で活躍されている姿も珍しくはなく、まさに生涯現役という言葉そのまま。思いおこせば恩人である山本社長もそうだったし、また、伝統工芸の世界などでもそれは顕著だろう。齢を重ねた職人さんのもつ熟練の技は、一朝一夕に身につくものではない。

前置きはさておき、私はスッパリと引退した。69歳だった。70代になる前に身を引こうと強く思い描いていたから、その筋書きどおり迷いなく実行に移したのだ。決めたのは50代の半ばだったと思う。当時、私は福岡博多ライオンズクラブに在籍していたわけだが、それがきっかけといえばきっかけ。ライオンズクラブというのは社会奉仕団体で通っているが、ふたを開けてみれば、要するに中小企業を経営する社長の集まりだ。ある種のコミュニティだと捉えてもらえばいい。福岡のクラブにも70歳を超えた社長が何十人と在籍していた。そういった一部の方は、話をうかがってみると、これがまぁ、一様に言うことが諄《くど》い。さらに言わせてもらえば過去の栄光というか成功体験ばかりを話す。また、若者を信じて任せるということがもはやできなくなっていた。どんどん変化していく世の中にあわせて自分自身を変えようなんて発想がまるでないようだった。社長がそんな感じだと社員たちの気苦労は絶えないだろうと気の毒に思ったわけだが、はたして、老獪な経営者となれば私とてそうなってしまうかもしれない。そういう人物の比率があまりにも高いのだ。この事実には正直なところ、怖気《おぞけ》立つ。

自覚のあるなしに関わらず、自分がそんな風になってしまうのは御免こうむる。なればこそ、これを他山《たざん》の石として、古希を迎える前に息子へ社長のポストを譲ろうと決心したのだ。そうして会社を任せた以上は、経営について口を出すまい、思うところがあっても堪えて飲みこもうと己を律した。

「事業の進歩発展に最も害あるのは、若者の過失ではなく老人の跋扈《ばっこ》である」

明治時代の偉大な実業家・伊庭貞剛（第二代住友総領事）はこのような言葉で戒めている。跋扈とは過去の成功体験でのさばること。役にも立たない不必要な意見を堂々と述べるだけでなく、影響力をも行使する者が蔓延るような事業はうまくいかない。若者の失敗などは些細なことであり、本当に危険なのは、時代遅れの年寄りがいつまでも幅を利かせることだと彼は言う。

これを知った時、自分はそうなるべきではないといった思いをさらに強くした。身体的な要因もあって、年齢とともに決断力や行動力が衰えたりもするだろう。それでも会社で起こる出来事は森羅万象すべてが社長の責任という事実は揺るがない。それくらい社長というポジションは大変で、常にすべての責を自分が引き受けるだけの覚悟が要る。すると責任感が強くなって、ついつい要らないことを言いすぎたりするものだ。すべてが自分の責任だから口出しせざるを得ないわけで、ある面においては、それが社長の務めともいえよう。ところが加齢により体がついてこなくなる。耳も、目も、記憶力も衰えていく。そんな状態で社長という仕事が本当に１００％の力で務まるかといわれると、やはり難しい。どうあっても若い人には勝てないはずだ。こういった考え方も私が70歳までに引退しようと決めた理由の一つ。

さて、早いうちに引きぎわを決めたからには、事業承継も計画的に行なうべきだろう。社長を譲るといっても、相続に関する処理はいろいろとあって煩雑だ。たとえば持ち株の比率。現在はもう身内で全部を管理しておくのがいいということで、家族が１００％所有している。そのうち50％は社長名義で、私や妻、他の家族が残り50％を持つ。したがって、社長が完全に主導権を握って経営していける体制が整っている。

株の保持については試行錯誤の末、このように落ちついた。というのも30年ほど前だったか、とにかくずいぶん前の話になってしまうが、全社員を株主に採用したことがあった。そうすれば社員たちも株主だからやる気になって会社が発展するだろう。なんてことを、とある経営コンサルタントに吹き込まれたからだ。私は信用してその案を採用した。しかし、それにより士気があがることはまったくなかったし、別段これといった効果もみられなかった。だからコンサルタントといった連中の多くは実質ではなく理想を語っているのだと思う。そういったわけで結局、株はすべて親族の保有に戻した。

株のことはそれくらいにして、事業承継のくだりについて詳しく話そう。私はやはり子供には自分なりの人生設計をして欲しいと思っていた。だから69歳までは一生懸命働く。言わなくてもいいことだって言う。けれど70歳を過ぎたら息子に任せて自分の生活をする。これは私の中できちんと決めていることだから、まわりの人たちにも平然と言い放っていた。そうして長男を後継者として育成しようと決めた。結果論からいうと、運よくというか、驚くほどこちらの思惑どおりにことが進んだ。自身の若いころを考えても、何かを企んでそのままかたちになるケースは少ない。しかし不思議なことに、私の引退と息子への事業承継に関しては書いたシナリオどおりだった。

私は山善で社会人としてデビューした。商業高校を出てすぐ入社し、山本社長からかわいがられながら経営を学び、商売のノウハウを身に付けていった。そして山善そのものを、我ながらたいへん気に入っている。どうしてかといえば、山善は社員一人ひとりにある程度の自由を与えてくれたからだ。「自分なりに羽ばたけ。ちょっとくらい失敗してもいいから、必要だと判断したのなら、やれ」といった感じに、トップダウンではなく個々人に仕事を任せるような社風があった。銀行などお堅いところには厳格なマニュアルが用意されていて、そこからはみ出したら駄目。そのように徹底されている。私のような人間はもうそんな業種にまったく適さない。つまり社会事情をいろいろと知っているから、人間的に成長させるためにも、ぜひ息子を山善に入れたいと考えたのだ。

そんなわけで、ちょうど息子が大学を卒業する頃、私は山善の大阪本社に出向いた。人事部長に直談判するためだ。当時の人事部長は山形氏といって、じつをいうと私のもと部下だった人物。要するに縁故採用を頼みに行ったのだ。

今となっては笑い話でしかないが、山形部長とはそれなりに舌鋒鋭くやりあった。手間を省けば「配慮を頼む」からの「検討はしてみます」で済む。しかしそこはお互いに気心の知れた仲、久しぶりに会った懐かしさもあってか、駆け引きを楽しんだ。

「久しぶりやな、山形くん。今日こうして来たのはほかでもない。じつは今度、うちの息子が山善の採用試験を受けよるんだわ。そこで相談ちゅうわけなんやが、人事部長の権限で採用のほう、一つ頼めんかいな」

そう持ちかけた私に対し、山形部長は渋い顔。

「いくら清家先輩の頼みでも、ちょっとそれは引き受けかねます。縁故採用がどうのといったところはさておき、山善に育てさせて、いずれ息子さんが一人前になったら九州に連れ帰るつもりでしょう。そんな人材、採るわけにはいきません」

というのが彼の言いぶんだった。鋭いやつめ、と内心で唸ってしまうが、しかし私とて気丈夫。図星を突かれたからといって馬脚を現すようなタマではない。

「いやいや。そりゃ誤解だって。うちはもう、娘婿が次期社長ということで内々に決まっておるんだ。山形くんが危惧するような研修がてらの入社じゃないから、息子のほうは永久に山善におるよ。これならよかろう」

「まぁ、辞める前提でというわけじゃないなら、そりゃ大丈夫ですけど」

山形部長はそれでも納得している様子ではなかったが「ある程度の忖度はしますけど、最終的には面接と試験の点数次第で決めますからね」と念を押すようにせりふを足し、そこで話を切り上げた。

なにが永久なものか、去就など当事者である本人が決めることであって他者がそれを云々できるものではない。まぁ何はともあれ、嘘も方便だ。そんなこんなで息子は無事に採用試験をパス。といっても、本当は縁故採用などあろうはずがなく、本人の実力で入社したのだと思っている。そうして私と同じく大阪の山善にて社会人としての一歩を踏み出すことになった。

それから7年くらいが経ち、いよいよ後継者問題を処理しないといけないという時期がきた。私みずから線を引いたゴールラインが目前に迫り、引退が現実味を帯びてきたのだ。息子も長いこと山善で揉まれて一人前の商社マンになったはず。期待どおりの人間に育ったならばそろそろ迎えにいかねばならない。そんなわけで私は山善の人事部長にアポイントをとり、再び大阪を訪れた。

「お待ちしておりました。政彦くんの進退について少しお話があるとのことですが、いったいどういったご用件でしょうか」

山善に着くと、仏頂面した担当者が私を出迎えてくれた。まさかの出来事だった。あれから7年も経ったのに、よもや今も山形くんが人事部長のままだとは思わなかった。もう別の人間に替わっているだろうと思っていただけに、想定外というほかない。こうなっては相手が相手だから理屈をこねても意味がなかろう。したがって、私はもう単刀直入に打ち明けてしまうことにした。

「わははは。いやぁ、うちでもいろいろあってね。やっぱり息子を返してくれんかなって、ちょっとしたお願いに伺ったわけや」

「つまり山善を辞めて九州に戻ると」

山形部長はニコリともしない。どうにも旗色が悪いように感じたので、私は真摯な態度にあらためて経緯を話した。69歳での引退、社長を譲る相手が息子であること、山善で商売のイロハを学ばせたかったこと、そういった諸々を含めてきちんと説明していく。

「――とまぁ、こうした理由でね。事業承継というか、後継ぎに関する事前処理をそろそろやらんといかん。したがって、ここらで政彦を引き取りたいと思う」

「なるほど事情はよく理解できました。じゃあ、罰金」

「えっ?」

「ほら、7年前に息子さんの採用を頼みに来られた時、言うたやないですか。一生、山善に勤めるって。その約束を破るわけでしょう。だったら罰金をいただかねば、こちらとしても格好がつきません」

山形部長はしれっと言ってのけた。そんな口約束などとっくの昔に忘れているだろうとふんでいたのに、まだ覚えてやがった。しかもお金までぶん取ろうなんて余程がめついじゃないか。いやはや、さすがは私の部下だった男。交渉も冗談もじつに上手い。

「わし、そんなこと言ったっけ」

「言いました。とぼけたって駄目です」

悪態をつきながらも、山形部長はニヤリと笑った。きっと7年前のあの日からこうなることがわかっていたのだと思う。彼とて「一生この会社に勤めさせる」なんていう与太話を鵜呑みにはするまい。

そんな馬鹿話をしながら、私は山善を後にしたのだった。

事業承継を終えて会社の業績が大幅アップ

こうして私は会長となって経営の前線から退き、息子が二代目の社長となることで事業はスムースに引き継がれた。決めていたこととはいえ引退時はどうしても行く末が心配になるものだ。はたして、任せてしまって大丈夫なのかという具合に。

というのは、私はたたき上げで前向きな考え方を持っている。積極的なほうだから怒るときなども激しく叱り飛ばす。けれども、現社長はどちらかというと大人しいというか、感情をはっきりと表に出すタイプではなかった。そういった面では私に比べてまだ迫力が足りないが、よく見るとしっかりポイントをつかんでやっているようだ。やりかたもじつに紳士的。それゆえこれなら問題なかろうと愁眉《しゅうび》を開いた。

私の場合はどうしても好き嫌いで判断するきらいがあり、一旦そう思うとなかなか頭から離れない。けれど現社長は一人ひとりと面接をし、その社員が何を考え、今後はどういったことがしたいのかを聞き取っている。そして人事異動やらに生かす。こういったやりかたはきわめて良いことだと感心もひとしお。

また、私が社長をしていた頃は、必要とあれば人材をどんどん引っ張ってきた。途中入社であろうとお構いなし。しかし現社長は大学卒を定期的に入れるという通例を作った。これが組織改革としては一番すばらしいものだった。やはり企業というものは学卒採用がないと駄目。なぜなら、大学を出たばかりの若者はセイワパークの社風に染めることができるからだ。いっぽう、途中入社の人はなかなか染まらない。無理もなかろう。前の会社の良いところも悪いところも知っているというのは、いつも頭の中に比較対象がある状態ということだ。

40歳を過ぎるとだいたいの人間は頭が固くなる。自分自身の考えで凝りかたまって自己中心的になることが多いように思う。これを他人中心的に変えようとしても40歳を過ぎたらもう無理だ。

私がつねづね言うところの「パラダイムシフト」というのがある。パラダイムというのは考えかたの基本で、ものごとの見方や捉え方のこと。これをシフトする。つまり変化させようというのが大まかな意だ。企業として発信するなら「入社後に経営理念や社訓などを社員一人ひとりが理解し、会社への帰属意識を持つ」ことが大切。

したがって、セイワパークの考えかたを前向きに浸透させようと、当時の社員をあらゆる研修や講演会に出席させた。ところが何百万円もお金を使って取り組んだわりに結果がついてこなかった。逆に、学校を出たばかりの若い人は、すぐに考え方を変えられるというか、柔軟に受け入れてくれる。だから学卒の定期採用は会社にとってもプラスになる。他社の色に染まっていないからパラダイムシフトを促しやすい。育てるにつれ自分の会社になじんでいく。そういう意味でも学卒を採るのは企業にとって大切なことだろう。

新社長はこの切り替えをしっかりとやってくれた。したがって、組織をうまく運用するという面では私の頃より良くなったといえよう。

結局のところ伸びる会社は体制がきちんとしているから、定期的に学卒を採用していく。そうじゃないところは一般に募集をかける。ハローワークに求人票を出して「ちょっと人が足りないから、こういった条件で……」ってな感じだ。

うちは中小企業ながら、組織的に活動している。年に2回くらい、定期的に人事異動も実施している。こうしたことも新社長はいろいろと活かしてしっかりやっているようだ。

私に言わせれば「おや？　この子をこんなところへ行かせるのか」というケースもちらほら。しかしそれも考えがあってのことで、結果的にみれば、良い判断だったと誰もが認めるような人事となっている様子。したがって、社員たちからそれに対しての不平不満がもれたことはない。みんな辞令に基づき素直に異動してくれている。

なお、業績についても好調だ。経常益でなんとか1億円以上を達成したいというのが私の夢だった。これを部分的にではあるが達成している。ここ3〜4年をみても、去年はついに1億円以上の経常益を叩きだした。こうなると人間やはり欲も出る。この調子で2億円以上にもっていきたいと思っていたら、これまた現実にそうなった。

私が社長の時には何年かに1回は1億円を稼いだこともある。でもそれは続かず、業績は山あり谷ありが多かった。取り扱う立体駐車場は機械式から自走式に方向転換したり新しい部門を設けたり、そりゃもう、あの手この手を使って試行錯誤しながらずっとやってきた。私が会長に就任したのは組織がある程度のレベルで整って、今後の方向性が見えてきた時。そんなお膳立てがあったとはいえ、後を継いだ者が組織をさらに良い方向へと改善し、利益のほうも思いのほか上げてくれたことは喜ばしいかぎり。

うちの場合は帳簿（貸借対照表）がきれいというのも自慢だ。不良資産がないから経常益も税務申告も同じ。それが前年は1億5000万円、さらに今年度は2億3000万円と跳ねあがっていた。これには私もびっくり仰天。税務申告に記す数字は、その同額を儲けたことに他ならない。さらにこの経常益2億3000万円というのは昔流に手堅くやれば3億円が出ているものだ。差額の7000万円をどうしたか。地元のスポーツ振興としてソフトバンクホークスやアビスパ福岡を応援したり、社員たちへの福利厚生に費やした。ボーナスも従来より多く出した。こうした出費を我慢していれば、経常益は3億円を超えていたはず。しかしけっして無駄遣いだったとは思わない。会社に計画以上の利益があるときは、それは社員あるいは地域に還元してしかるべきだろう。こうした投資は先を作っていくうえでとても大事なこと。だから帳簿を見て「こりゃえらく派手に使ったなぁ」と思っても、それに対していっさい口を出さない。

さて、新社長が次にどういう目標を掲げているかというと、経常益5億円の達成。もちろん私もそこに届けばいいなと考えている。会社がどんどん利益をあげてそれが達成できた暁には、内に包み込むばかりではなく、適宜、必要なぶんは遠慮なく放出して社会全体を良くしていってほしいと切に願う。

会長として眺めたセイワの10年──心境とこれからの見通し

これまで述べてきたように、会社も組織も引継ぎも、おおむね思い描いていたとおりになった。といって、それを誰かに自慢するだとか、誇ってやりたいだとかいう慢心はない。私はただ、昔からよく言われていることを実践してきただけなのだ。

明治から昭和初期にかけて活躍した政治家・後藤新平が遺した言葉に、

「金を残すは下、事業を残すは中、人を残すは上」

という名文句がある。つまり技能（スキル）を残すのが大事で、事業を残すのは並、お金など財産を残してやるのは些事にすぎないという。彼は関東大震災から東京を復興させるべく、公衆衛生、鉄道、通信、金融、都市計画など多岐にわたる事業を手がけ、成功に導いた人物。その長期を見据えた仕事ぶりが今なおたいへんに評価されている。そんな偉人がこう戒めたのだから、重みがあるというか、やはり説得力が違う。

おかげさまで、私の子供たちには自分で稼ぐ能力が備わっていると思う。むろん、親としていろいろと応援はしているけれども、子供のために財産を残そうなどとは考えていない。したがって、遠慮なく自分のためにお金を使わせてもらう。

会社を興し、育て、次の世代に引き継ぐ。こうして創業者としての役割は終えた。では次の計画というか人生設計は何だと聞かれると、まぁ、とくには無い。あとは好きなようにただ自分の人生を楽しむつもり。

目指すは〝ピンピンコロリ〟だ。病気にならず、寝たきりにもならず、死ぬときはポックリと逝く。つまりピンピンしているうちにコロリ。死ぬまで元気でいるのが私の理想で、これには妻も同じ考えを持っているようだ。したがって、もしも余命がどうのと宣告されたとしてもあるがままに、延命治療などはいっさい罷りならん。やるべきことはやったから思い残すことはないという気持ちだ。今となってはもう「余は満足じゃ」というのが正直な感覚といえる。

海外・国内旅行を年16カ所も

ただし、まだ個人的な欲望のほうはしっかりと残っている。というのも世界中を旅していると「これほど素晴らしい場所があるとは！」としょっちゅう感動するものだ。すると「もっといろいろと見てまわりたい。世界中の人と出会いたい」なんて気持ちにもなる。そんな感情が巻き起こるのは、すなわち欲が張っていることとイコールだろう。

私が会長となってからはもう会社のことに口出ししていない。もらった給料や他の収入もほとんど全額を旅費につぎこんで余暇を満喫するといった風に、自由闊達《かったつ》な旅を楽しんでいる。

そんなこんなで、会長職となって第一線を退いたあとの人生もなかなか楽しい。私と妻の旅行ざんまいな生活は友達みんなが知っていて「清家さん次はどこにいくの」なんて会うたびにからかわれるほどだ。あとは、家に居る時にやる趣味の野菜作り。これも一つの楽しみとなっている。ところが畑仕事は草むしりや何やらで、毎日がそうとう忙しい。旅行でしばらく留守にすると、帰ってきた時には雑草があたり一面にぶわっと生えていて自棄《やけ》のやんぱち日焼けの茄子、なんてこともままある。旅行と農作業の両立は難しいと痛感するばかりだが、それもひっくるめて今、充実した日々を過ごしている。

スペイン・トレド

こう書いてしまうと会社のことは放っているように思われるかもしれない。たしかにほとんどノータッチだ。だがそれも、私の考えていることが社長にきちんと伝わっているからできること。これについては少し具体的な話をしておこう。

40代の頃、全国展開を目指す

じつをいうと私がまだ社長をしていた時、セイワパークを全国展開させようと試みたことがある。九州におけるニッチトップは確立した。それで御の字だったはずなのに、人間やっぱりチャレンジ精神というか、上り調子であれば欲も出る。そこで設計・施工部門のみではあったが、東京と大阪に支店を設けて営業をかけていった。いくつか施工もした。これは機械式立体駐車場を手がけていた頃の話で、以前に述べたように、業界不況などの要因もあって自走式に転換したため最終的には撤退している。目の届く範囲をきっちり押さえていくのが会社にとって最善だという結論に至ったわけだ。九州・沖縄地域でしっかり頑張り、手を伸ばすとしても広島までだな、と。

会長となってからは経営に口を出さないと何度も言ってきたが、社長にこれだけは伝えた。私の時には頓挫してしまったけれど、東京や大阪にも事業を広げたいならチャレンジしてみたらいいよ、好きにしなさいと。でも考えかたは一緒だった。たとえば東京や大阪に支店を作るとそちらに優秀な社員を送り込まないといけない。そうしたら九州が手薄になってしまうから、けっきょく虻蜂《あぶはち》取らず。そうなるくらいならもっと地盤を固めていくほうが有意義だろうと言うのだ。

株式上場はしない――思い通りの意思決定を優先

また、株の上場についても意見は同じ。やはりここ最近のように経常益が上がっていく状況をみると将来的には5億円、10億円という時代がきっとくるはずだ。こうなると証券会社から「株を上場しましょう！」と持ちかけられる。個人資産つまり持ち株の価値が100億円くらいまでアップしますよ、なんて甘い文句で誘われるのだ。さりとて、上場をしてどれほどのメリットが会社にあるというのか。たしかに個人資産はかなり増える。そして知名度もあがる。それは確実だろう。

ところがデメリットといえる部分も多い。株の上場をした場合、業績が右肩上がりでなければならないという鉄則がある。株主への分配もあるし、上場の継続・維持のためにかかるコストもばかにならない。他企業による敵対的買収のリスクも常に抱えることになる。それからもう一つ、私が厭《いと》わしく思うのは、今は赤字だが将来的には黒字になるから投資しようという事業ができなくなることだ。上場したら縛られるから自由にできない。情報開示義務が発生するから株主たちにも一目瞭然。すると、どうしてこんな赤字の事業に手を出すのかと叩かれる。株主に対して気をつかわないといけないから、そちらに多大なるエネルギーを持っていかれてしまう。

それから上場会社というのはやっぱり経費がかかる。社内の書類作り、株主総会だのと上場を維持するためには７～８人が必要となるだろうから、その人件費がかかることも考えなくてはならない。

つまり上場会社になるメリットがない。しないでおくと何が良いかといえば、投資をしようが赤字を出そうが、株主は自分だから誰にも遠慮せず好きなように事業ができること。やっぱり自由が経営者としては一番やりやすい。というわけで、会社はこれからも発展していくだろうが、総意として、株式上場はしないということで一致している。

したがって現在、セイワパークは上場させておらず、自分たちのほかに一般の株主はいないから経営の舵も自由にきれる。社長の考えもどうやら私とまったくのよう一緒だった。わが道を行く商売のほうが良いというか、基本的にはやはり「絶対に会社を潰さない」システムを作ることが何より大切。それがほぼ完成しつつある今、わざわざハイリスクローリターンなところに首を突っ込むこともなかろう。

社長と会長という関係性であればモメる場合もあるだろう。名前は伏せておくが、ついこの間も大手家具販売会社で骨肉の争いがあったことも記憶に新しい。けれどうちの場合は考え方の共有ができているから大丈夫。たとえば新規事業でこうしたい、コンピュータのソフトウェアに1000万円ほどをかけたいと相談されたとしても「やればいいんじゃないかな」と、このように意見があう。そりゃソフトウェアも最新型を入れておかねば競争には勝てない。必要な投資だ。

20年後にはEV・PHV主体の時代に

さて、セイワパークがこの先どう発展していくか。そこはいろいろと期待をかけているが、もう引退した身だから多くは語るまい。そのかわり、これから自動車と駐車場がどう変化するかを私なりの見解で述べようと思う。

20年後には、ハイブリッド車は多少残るとしても、エンジンだけで走るというような時代ではなくなりそうだ。ハイブリッド（以下、HV）はエンジン走行のアシストとして電力を使う。充電を走行時に行なうためモーターのみの力で走れる実走距離はとても短い。それに対し、車はモーターだけでも走り、電気が尽きたらエンジン走行するものをプラグイン・ハイブリッド（以下、PHV）と呼ぶ。こちらは外部からの給電でバッテリーチャージができる。よって、厳密にいうならPHVのほうが本来の意味での電気自動車（以下、EV）に近い。それも含めてではあるが、近い将来、基本的には走る車のほとんどがそういった電気式へと置きかわっていくんじゃないかと思う。

ただ、ちょっとした懸念もある。ＨＶとＰＨＶ、そしてＥＶ。これら３タイプの所有比率がどのように変化していくのかが問題なのだ。これに関する意見がコンサルタントによってまちまち。ある人は「ＰＨＶの比重が高まる」と言い、またある人は「いいや、エンジン式の需要は無くならない。ＨＶは若干の伸び。今も売れているがベースはこのまま続く」と言う。そんな中で無視できないのが「ＥＶは現在まだほんのわずかしか市販されていないが、今後はぐっと販売台数を伸ばすだろう。ただし、順調にいっても７：３。エンジンを積んだＨＶおよびＰＨＶが占める７割っていうのはこの先も変わらないはず」という見解だ。これがまた、圧倒的な説得力を持っている。

なんでも、ＥＶは街の中で乗るぶんにはともかく、郊外へ出ると危険だという。その理由は冷暖房の影響を強くうけるせい。春から秋くらいの時期は大丈夫だが、とにかく冬場がマズい。場所によっては零下何度といった気温になるため必然的に暖房を使う。エンジンを搭載した車であれば、燃焼で温めた水を循環させて暖房にあてることができるのだが、しかしＥＶにはそうやって流用できる装置が何も無いから、すべてをバッテリーで賄わねばならない。ところが電気ヒーターはべらぼうに電気をくうので、じつのところ、走行のためにモーターをまわすよりよほど消費電力が高かったりするのだ。

このことが何を意味するか。たとえばＥＶでフルチャージ５００㎞の距離を走行できるとメーカーが謳っていたら「おぉ、福岡と鹿児島を往復できるな、すごい」なんて思うかもしれない。だが公表されるのは暖房も冷房も使わない数値と考えるべきで、冷房のほうはともかく、暖房を入れたらせいぜい１５０㎞地点までくらいしか走れないと思われる。こういった部分でＥＶの限界が見えてこよう。となれば、車からエンジンは無くならないだろうし、すべての車がＥＶになるとは考えにくい。ＥＶは今後急速に進展する、関連企業の株価が上昇するなどマスコミ等がさわいでいるが、私はエンジン併用のＨＶやＰＨＶの時代が今後数十年は続くと見ている。

とはいえ、駐車場にも充電器の設置が求められる時代はすぐそこにやってきている。駐車場で充電ができるというのは集客に直結するだろう。標準的な充電器にもいろいろな種類があり、フル充電にかかる時間もまちまち。４時間から12時間と機器によりけりだ。中には急速充電器というのもあって、これはわずか20分ほどで満タンにできるのだが、その設備投資をするには２００万円とかなりの値が張る。そういった理由から需要が限定的、主力にはならないだろう。

したがって、先に挙げたような何時間かかけて充電するタイプが一般的になっていくはずだ。駐車場に停めたついでに2時間だけ給電しておこうとか、そういったユーザーの用途が見込める。そんなわけでセイワパークの駐車場の充電器は標準型で計画しており、急速充電器の設置は考えていない。

なぜかといえば、急速充電は応急処置に使うのがメインだからだ。いわば救急病院。急を要する時に使われるものであって、こうした設備への投資が必要なのは自動車関連会社や高速道路のサービスエリアなど。むしろそういったところはないと困る。だから必要に迫られて設置するだろう。

これからの駐車場はこのように進化する

そのかわりといってはなんだが、もう一方の流れには惜しみなく設備投資をしたい。おそらくこれから世の中は代金決済システムの電子化によるキャッシュレス化の方向にシフトしていく。つまり現金での料金精算システムも廃れ、キャッシュレスが主流となるだろう。北欧のスウェーデンやノルウェー、ご近所では中国や韓国にもすでにその風潮が広まっている。日本はまだまだ現金による精算の比率が高いらしいのだが、いずれは同じようになってくるはず。

今のところ、キャッシュレスには３つの方式がある。プリペイト、ポストペイそれからジャストペイ。プリペイトはＳＵＧＯＣＡ（Ｓｕｉｃａ）など事前のチャージが必要なもので、お金の前払い方式。また、使ったあとで請求がくるクレジットカードの決済などはポストペイという。そして昨今でよく利用されるようになったのがパソコンやスマホにアプリを入れ、決済時にパッとかざすだけで代金が銀行口座から落ちるというシステム。これはジャストペイと呼ばれる。代表的なものはデビットカードで、いうなれば預金残高を上限とした即時決済システムだ。これからはジャストペイ方式が主流になってくるだろう。いずれ現金を持ち歩かなくなる日がくるかもしれない。いや、じっさいにもうそういった人もいるだろう。それを見越して、うちが扱う駐車場ではキャッシュレスに対応した精算機を配置していっている。

時が進み、いろいろな流行り廃りに幾度となく巻き込まれようとも、駐車場そのものはずっと続いていくだろう。けれども駐車場をただの車庫にしておくようでは時代に取り残される。このようにしてＥＶチャージや決済システムなど、世間に求められるような付加価値をつけていくことは大切だ。ＳＮＳ（ソーシャル・ネットワーキング・サービス）や

ＡＩ（人工知能）を駆使した時代も到来している。それはべつに直接的に関係するものでなくてもいい。たとえば待機児童が問題であるなら敷地の一角に保育所を設けるとか、環境問題に配慮して屋上・壁面緑化するとか、そういったことにも積極的に取り組むべきだろう。

ところで沿岸部の市町村では、あの痛ましい東日本大震災があって以降、津波が発生したさいにどうやって被害を最小限に押さえるかを一生懸命に考えているらしい。

福島第一原発が津波で全部やられてしまった。誰もそんなことが起こるとは考えもしなかった。けれど、現実にそうなった。そして押し寄せてきた10ｍを超す大津波が、ほとんどの家屋を呑みこんだ。人の営みにあふれた街並みはこつぜんとその姿を消し、残ったのは膨大な瓦礫の山とだだっ広い更地。そんな中、自走式立体駐車場はほとんどが潰れずに残っていた。これには驚いたが、よく考えれば何も不思議はない。なぜかといえば壁が無いせいで水がそのまま抜けていくから。津波による水圧を一般的な建屋の１／10程度しか受けず、倒壊を免れたわけだ。だから立体駐車場に逃げ込んだ人たちは助かった。

その事実を国土交通省に説明した。こういった場所にこそ立体駐車場の需要がある。私は「津波対策の一環として沿岸部に大きな駐車場を作りましょう。各市町村に補助金を出してでも作らせてあげるべきです」と一生懸命に論旨を伝えた。5〜6階建てにして上層階に倉庫を作って非常食や生活用品なんかを備蓄して、普段は駐車場として使う。1階部分を集会所にでもしておいたら人の交流も生まれて地域が活気づくだろう。そうしていざ津波が来るとなれば近所の人たちが逃げ込めばいい。自走式のスロープは緩やかな傾斜だから、足腰の弱った高齢者や車いすの方でもさほど苦労せず屋上まで行けるはずだ。なんなら搬送の車ごと乗り入れてもらうことだってできる。

さて、私は言葉を尽くして国に訴えかけたわけだが、その結果、どうなったか。今までのところ国や市町村が選んだ対策は、大きな堤防を作ったり、盛り土をして土地を嵩上げしたりといったものがほとんどだった。どこを見てもそればっかりだ。

駐車場の案を採用すれば全体の費用は10％もかからない。予算が抑えられるうえ、実績だってちゃんとある。立体駐車場であれば安くて安全。土地のつくりごと変えたりはしないから景観だってそのまま。昔ながらその土地で生活してきた人々にとっても、同じ場所でいつもどおりに生活ができるほうが好ましいはずだ。漁師たちが魚を水揚げする市場もちゃんと海沿いに残せる。だから、最近になって国交省も自走式立体駐車場が津波対策に有効であるという結論を出してくれた。

少々話が逸れてしまったが、ともかくこれからの時代は駐車場に＋α《アルファ》。何かをくっつけるサービスに注力する必要があろう。要するに、複合施設としての意味あいを持たせるのだ。駐車場の片隅に洗車場を設けるのもいいだろう。レンタカーもそうだし、流行りのカーシェアリングを組み合わせても面白い。それらも一つの手法だし、駐車場というしっかりとした基盤があれば何かを付け足すのはそう難しいことではない。ちなみに私が今、実施しているのが、運営している駐車場のトイレを最新式でピカピカのウォシュレットトイレに改造することだ。すでに数か所は終了しており、お客さんたちにたいへん喜んでいただけている。

ただし、どの程度のさじ加減でやるかはセンスが問われる。商売というものは「この商売が儲かる。今、アツい！」と広まってしまったら、猫も杓子もぜんぶそれ。新規参入があとを絶たない。みんな金儲けがしたいのだからこればかりは仕方のないことだ。

たとえばボーリング場。かつてブームが訪れた時にはそうとう儲かっていたはずだ。ボーリング場を建てることさえできれば集客は確実。どんな辺鄙な場所であろうとお構いなしにバンバン作られた。ところがブームが過ぎ去ると軒並み潰れていった。

駐車場もそれと同じで、儲かるとなれば業者が乱立する。しかし出費のわりにあまり儲からなければすーっと消える。今はちょうど外国からの観光客が増大しているから宿泊先が足りない。ビジネスホテルがいくら建てても追いつかないというくらいだから、駐車場よりホテル経営のほうが儲かる世相だといえよう。

だったらうちもホテルを手がけよう——とは、ならない。よく考えれば答えは出るものだ。観光バブルがいつまで続くか。どんな業種においてもかならず浮き沈みがある。山があったら谷がある、谷が来たらまた山が来る。これが経営の常識。

したがって、時代の先を読むというのは、今ある大きなうねりがどういう性質であるかを見抜けるかどうかがポイントとなる。一過性のブームや先細りでいずれ途絶えてしまうものが多い中から、太く長く続く動きを見定めること。いっぱしの商売人はみな、自身の経験からそうした目を養っているものだ。

第4章
これからの皆さんへ

経営の心得

『私の考える経営の心得』

・本業とかけ離れたところに青い鳥はいない
・自分自身の能力は中くらいと自認
・会社での森羅万象すべての出来事は一切が社長の責任
・パラダイムシフトによる破壊と創造
・仕入れ代金は全額を翌月に現金払い
・決算は時価会計を基本とし、赤字を恐れない
・アウトソーシング重視の経営
・専属の下請けは設けない。取引先はすべて商売のパートナー
・アライアンスの推進
・最大の社会貢献は納税すること

私がいっぱしの経営者となれたのは、福岡県中小企業家同友会（以下、同友会）へ入っ

たことの影響がやはり大きかった。当時、懇意だった東《あずま》機械工業の永安幹雄社長が是非にと勧めてくれたので入会した。昭和56年のことだ。

ここではじつに多くを学んだ。同友会は中小企業の社長たちの集まりだから、みんなそれぞれに苦労しながら会社を経営している。そういったわけで体験談の一つひとつがたいへん参考になった。経営コンサルタントらの杓子定規なアドバイスとは違う。彼らはたしかに膨大な知識をもっているが、そのほとんどは書物で勉強したものを受け売りで発表しているに過ぎない。ひるがえって、同友会のメンバーは体験にもとづくアドバイスをしてくれるため、どれもが実質的な勉強になる。

入会したのは起業してから４年目の頃だから、私は43歳になっていたと思う。あの頃は若輩者でいろいろと至らないところがあり、同友会に顔を出しはじめてしばらくはたいそう恥もかいた。まだまだ経営者としては甘いというか、社長業とは何かという基本がからっきしわかっていなかったせいだ。

私は元商社マンだけあって〝稼ぐ〟〝利益を上げる〟〝儲ける〟こういった部分には長けている。じっさい、それに主眼をおいてやってきた。けれども社長というものはそれだけでは駄目だったのだ。同友会はそこに気づかせてくれた。経営者としてどうあるべきかといった奥深いところを手取り足取り教えてもらえたように思う。

結局のところ、会社の永続性というものはお客さんや社員たちを大事にしてこそ生じてくるものだ。私の場合はどうにも自己中心的な面が強かった。したがって、同友会に顔を出すうちそこを指摘され、我を通すのは半分くらいにしておく必要があるとも教わった。端的に言ってしまえば「他人《ひと》の話を聞け」ということだ。

そういった理由もあって、とある同友会メンバーから「無能唱元さんのお話が非常に良いですよ。よろしければご一緒しませんか」と講演会に誘われたので、これは良い機会だと思い、足を運んでみることにした。無能唱元さんという方は臨済宗の禅僧で、人生におけるさまざまな〝成功術〟を説く異色の師。全国各地をまわって説法をしており、とくに経営者やリーダーといった人々からの支持が厚い。

「魅《み》は与《よ》によって生《しょう》じ、求《ぐ》によって滅《めっ》す」

これは唱元さんの名言だ。魅力というものは他者に何かを与えることで生まれるが、その見返りを求めれば消えるという。じつに核心をついていると思う。置き換えて考えれば、商売の基本はいかに顧客を喜ばせるか、これに尽きる。お客さんが満足する品と価格を提供できるような商売であれば大繁盛まちがいなし。それを実現するためには経営者も社員も、一人ひとりがそういった視点に立たねばならない。そんなわけで、この教訓は私が作った経営理念にもしっかりと反映させてある。要するにこうした考えかたこそが「お客様第一主義」なのだ。

同友会の良さは、お客様第一主義の考え方で経営すると会社はうまくいくというのを都度に教えてくれたところ。詐欺師や悪い意味でのブローカー、昨今よく問題になる転売屋とかいう輩は、今この時だけ儲ければいいという考え方をしている。騙すにしてもたしかに大儲けはできる。でもそんなもの商売とはいわないし、一発勝負というか、後がぜんぜん続かないだろう。さながら打ち上げ花火のようなものだ。

よって、うちの経営理念は『お客様の繁栄を願い　最高の品質と心のこもった行動でお客様の満足を追求します』とした。もちろん考えたのは私だ。作ってからもう随分と経つから変えても構わないぞと社長には伝えてあるのだが、今もこのまま。朝礼の時には社員みんなで声に出して読みあげている。

社員たちが自社の経営理念をよく理解し、お客さんのために働くという精神で仕事をすること。現在うちにはパートも含めると社員が１００人近くいるわけだが、みんなそこはしっかりできていると思う。社員一人ひとりがお客様第一主義をわかっているからこそ柔軟な対応ができる。これがうちの一番の強み。儲けろ、利益をあげろ、もっと高く売れ、値引きはするなといった自分主義な会社とは違う。したがって、クレームがつけば迅速かつ真摯な対応でもってことにあたる。そうして得た経験をしっかりと次に活かす。そうした基本姿勢で臨んでいればしぜんと会社の信頼に繋がっていく。

さて、ちょっと前置きが長くなってしまったが、冒頭で記した「私の考える経営の心得」についての説明をしておかねばなるまい。箇条書きした項目ごとにこれから解説していこう。前章までの内容と重複するところも多々あるが、わかりやすかろうと思うのであえてもう一度述べておく。

――本業とかけ離れたところに青い鳥はいない

これは山善時代に学んだ。ナショナルの担当になった時、例の森下さんを通じて松下電器の組織についても詳しく知る機会があったのだが、ああいった大会社はすべて事業部制を採っていた。商材ごとの会社を作っているようなものだ。だから資金繰りも事業部ごとにやる必要があって、工場に新たな生産ラインを設けてみたり、商品を販売して利益をあげるなどは各事業部長がすべての責を負う。要するにテレビ事業部といえば松下電器の中にあるテレビ会社という位置づけ。松下幸之助氏や森下洋一氏といった松下のトップは、いうなればそのテレビ会社の社長がどんな経営をし、どう前向きに取り組んでいるかをじっと見ている。そして社長を交代させたり、ときにはおだてたり。これがトップに立つ者の仕事だった。

うまい表現かどうかはともかく、さながらデパートのようなものだ。何でも売っているけれども、フロアごと、スペースごとに婦人服、紳士服、玩具、食料品、家具、家電など専門の売り場にきちんと分かれている。したがって私は、これから会社を興すなら何かに特化せねば生き残れないというのをいつのまにか勉強していたのだ。たとえ話だが、一般人がある日いきなり「百貨店、はじめました」と繁華街に大きな建物でもって出店したらどうなるか。よほどの資産家かあるいは大企業がバックについた新事業でもないかぎり、そんなもの、三越、大丸といった錚々たる顔ぶれの前では鼻息一つで吹き飛ばされてしまうだろう。

とはいえ、うちも創立からしばらくの間は百貨店さながら何でも扱っていた。空調から流し台、機械、工具など商材もじつにさまざま。ただしこれは山本社長の計らいのもと山善がバックアップしてくれてのことだから、述べてきたとおり、いずれは何か一本に絞らねばマズいなとは常々考えていた。そうした中ひょんなきっかけで駐車場の商売にめぐり会えた。以降はもう、駐車場ひとすじ。

当時といえばもう40年も前のことであり、じつをいえば、駐車場の需要などほとんどなかった。空いたスペースや道端がいくらでもあるものだから停める場所には困らなかったのだ。したがって、糸島市にうちが駐車場を作った時も利益を出すのに苦労した。地元の方々は車を停めるためにお金なんか払ったことがないという。

そういった時代にも関わらず、駐車場で商売すればきっと儲かるだろうと私には思えた。なぜなら競争相手が少なかったからだ。見ればちらほらと大手メーカーの担当が九州の支店で駐車場事業にしぼり込んでやっているだけ。地元に拠点を構えて専門的に販売しようというのはうちだけだった。この読みが、当たった。

人生というものは運に左右されることもままある。これからは駐車場の商売が旨いからやってみようといって、あっさりと成功したわけでもないのだ。なんとなく偶然に商談が舞い込んできて、うまく成約でき、利益が得られた。発端はほんとうにそれだけのことだった。これはなかなか面白いからこいつに絞ろうとなって、そこから思いもよらぬ道が開けた。そこを歩み始めた以上は、どんどん先を目指すほかない。

メーテルリンクの童話は〝幸せの青い鳥〟が結局すぐそばにいたと話を結んでいる。本物の青い鳥はもう自分の家にいたのだ。わざわざ遠くまで探しに行って捕まえた青い鳥は、持ち帰るとみな駄目になってしまった。これは幸せや大切なものを青い鳥にたとえて、幸せは自分たちが気づいていないだけですでに手にしているといった内容だが、商売に置き換えてみてもそう。欲をかいて本業から遠い分野に進出しても大体うまくはいかない。ことわざにもあるように、いつだって隣の芝生は青く見えるものだ。

――自分自身の能力は中くらいと自認

よくよく自己分析してみると、私は気が弱い。ほんとうに小心者だ。ソフトバンクの孫正義さんのように腹を決めて巨額の投資をすることなどできない。彼は才能があるため思いきった投資をしてもうまく活かしてこられたが、私にはそこまでの能力はさすがに無い。失敗したら会社が潰れてしまうような事業は避け、地道に積み上げてくることしかできなかった。

自走式立体駐車場も、数カ所を手がけながらノウハウを得て、６件目を超えたあたりから本格的に乗り換えていった。何も知らないところに唐突に打って出るようなことはしない。それだけのスキルを備えていないから、機会あるごとにいろんな分野に触れておき、必要となれば活かそうというわけだ。これは人付き合いにおいても同じ。誰かと知り合って何かを教わる、その場ではとりわけ意識していなかったとしても、その知識や人脈が後々になってすごく役に立つこともあろう。だからこそ私はなるべく多くの人に会うよう心掛けてきた。

大胆なことを実行するだけの能力がないと自認しているわけだ。まぁコツコツやっているというわりには、素敵な土地が売りに出ていたら何億円というお金をポンと出して買う。けれどもそれは完全に勝算があるからできることであって、いうなれば積み上げ方式の一環だ。要するに自身の能力を超えるような仕事は受注しないでおこうという考えでやってきた。ノウハウを集め、それに基づいてさらに実績を重ねていくといった手法だ。

――会社での森羅万象すべての出来事は一切が社長の責任

私はエリートではない。一からたたき上げでビジネスの世界を生き抜いてきた。これはこれで誇るべき経歴とは思うのだが、しかし弱みもはっきりしている。というのは昔の私はあまりに自己中心的にすぎたということ。

「わしがこれだけできとるのに何でおまえらはできんのか！」

この意識が強かった。自分の優れた部分あるいは成功体験しか知らないから、他人にも同様のことを求めてしまうのだ。むしろそれが当然だと思っていたふしもある。けれど組織を大きくしていくうえで良くないことだと次第にわかってきた。

サラリーマンを20年間もやっていたら他人の欠点がよく目につく。優れた部分もあるがここは駄目だなといった具合に。見えるのはいいとしても、ちょっと見えすぎてしまうのが困る。いざ社長になった時には社員たちの短所ばかりに目がいって如何ともしがたい。

けれども唱元さんに出会い、価値観がガラリと変わった。唱元さんは生前、よくこんなことを言っていた。会社でのいろいろな出来事は、不祥事なども含め、つきつめれば全部が社長のせいである。まずはこういった考え方に立ちなさい、と。

最初はまったく意味がわからず、何かの聞きまちがいかと耳を疑うほどだった。無理もなかろう。たとえば経理の担当者が会社のお金を使い込んだとしたら、そいつが悪いというのは誰の目にも明らか。一般的にはそう思うはずだ。けれど唱元さんは社長に原因がある、使い込みをしてしまうような社員教育と組織に不備があるからだという。

起こる森羅万象が社長の責任。掃除が行き届かず玄関まわりにゴミが落ちているだとか、トイレが汚れているといった諸々すべてが。相手がどうこうではなく、社長がちゃんと社員に指導できていないためにそんな悪習を招く。そのあたりを自覚して会社を経営していきなさいと唱元さんに諭された。これが強烈に印象に残っている。

まさに目からうろこだった。最初からそんな高尚な思いで社長をやれる人間がいるだろうか。誰かがミスをしたらその本人が悪いと思うのがふつうだ。しかしながら、徳のある人から情理を尽くして説かれれば、すんなりと腑に落ちた。唱元さんや同友会の先達からそういった有益なアドバイスをいただくうち、私の考えかたも大きく変化した。ちょっと自惚れもあるだろうが、おかげさまで、いっぱしの社長らしくなれたように思う。

——パラダイムシフトによる破壊と創造

唱元さんは一般的な仏教の教えから人間性を磨きましょうというように、生き方そのものを説いたわけだが、次に紹介してもらった方はまた違った発想を持っていた。それが竹内日祥というお坊さん。詳しい宗派は知らないが、妙見閣寺の代表役員という肩書からおそらく日蓮宗の僧と思われる。ともかく、この方は仏教の教えをいかに経営に活かすかといった説法をするものだから、聴講者の数はこちらのほうが凄い。講演があると全国から経営者が何百人も集まってくる。

私も最初は興味本位で話を聞きに行ったクチだが、やはりどっぷり惚れ込んでしまった。そうして気づけばセミナーに足しげく通うようになった。かれこれ20回以上は行ったと記憶している。講演のＣＤもくりかえし聴いた。

日祥上人が説法の基本にしているのが〝パラダイムシフト（価値観の転換）〟だ。パラダイムとはそれぞれの個人が持っているものの考えかたを指す言葉。それをシフトつまり変えていかなければ、会社が良くならないどころか、現代のような大変革時代においては生き残ることもままならないという。

これは非常に心に響いた。うちの経営理念の達成にも影響を及ぼすような内容だったからだ。「お客様の繁栄を願う」ということはパラダイムシフトの第一。他人本位でなければ人は幸せになれないとするなら、自分本位では絶対に駄目なのだ。そうはいっても世間にはそういった人がじつに多い。かつての私しかり、入社したての社員しかり。これを他人本位に変えていけば、世の中のことがよくわかってきて商売がうまくいく。突き詰めるとそうなる。とにかくパラダイムシフトが大切だという教え。

私の人生をふりかえると、若い時に貧乏していたせいもあり、どうしても俺がわしがと突っ走った一面ばかりが目立つ。負けてたまるかとがむしゃらにやってきた。でも、これは完全なる自分本位。唱元さんや日祥上人の説法を聞けたおかげで、自分は間違っていたのだと考えを改めることができた。他人本位でなければいけないと自覚して以降、ずいぶんと穏やかな気分でいられるようになった。「清家さん、ちょっと人間的に丸くなったね」なんてたびたび言われるほどに、性格も変わった。

偏った価値観や固定観念というものを一度すっぱりと捨て、そして新しい考えかたを受け容れる。これが素早くできる人は、変化の大きい時代にあっても適宜、軌道修正して生き残っていけるだろう。

組織においてはまさに朝令暮改《ちょうれいぼかい》。したがって社員たちも柔軟に、すんなりとパラダイムシフトができるような人に育てたい。

――仕入れ代金は全額を翌月に現金払い

松下電器の集金の厳しさについては山善時代の話でふれたが、現金決済を徹底するあのスタイルはずっと頭から離れなかった。大きな改革が必要となるから一朝一夕には叶わないとしても、うまく参考にして、いつかうちでも採用したいとは思っていた。そうした現金決済をいよいよ実行に移せたのが、今をさかのぼること約14年前。結論からいえば大成功だった。

うちはそれまでも手形を切っていなかったが、清水建設や大成建設から駐車場の工事を請けると、3～4カ月の手形がくる。大手建設会社では30％が現金、70％が手形払いというのが一般的で、とりわけスーパーゼネコンなどではそういったパターンがほとんど。集金の場合は問題ない。ところが仕入先に払うとなるとうちは手形帳を持たないから手形が切れない。そんな時はたとえば清水建設の手形に裏書きして代金がわりにそれを渡す、もしくはその手形を銀行で手形割引してから現金で払う。そういったやりかたで取引をしていた。

〝オール現金払い〟へとシフトできたのは、お世話になっている福岡銀行・博多駅前支店の支店長と縁があってのこと。「これからはすべて翌月現金払いとしたい。ひいては1億5000万円くらいの資金借入枠の設定をお願いできないか」と頼んだことに端を発する。支店長もこれは面白い話だと乗ってくれて、希望した額面どおり枠を設けてくれた。そういった流れを経て、仕入先に「これからはすべて現金でお払いします」と公表したわけだ。すると、仕入れ単価が下がった。何故か。翌月にすぐ現金が入るとなれば施工業者たちが価格競争をするのだ。ぜひうちに注文をくれという。たとえば鉄骨工事業者つまりファブリケータ略してファブと呼ばれる業者が多数存在していて、これらファブに伊藤忠丸紅鉄鋼だとか小野建あたりがH形鋼やらの鋼材を販売している。

それら大手も現金払いのメリットからうちと仕事がしたいと思うだろう。しかしながら、中小のファブと競争しながら売り込みにくるから当然ながら仕入単価は下がっていくわけだ。そういったことで、結果論となってしまうが、翌月現金払いとしたのはじつに賢明な判断だったといえる。キャッシュフローが相当に良くなったからだ。

商売ってものはやっぱり面白い。現金払いをやっているとまとまったお金が必要になるため、社員たちもなるたけ現金で支払ってもらおうといった意識になるのだろう。そんなわけで集金がうまくいく。〝善《ぜん》循環〟を生んだといえよう。ものごとの改革というものは、難しくともいざやってみるとそれが普通になってしまう。ときには不可能が可能になることも。したがって、会社の経営安定という意味でもやって良かったと心から思える。

ところで先ほど言ったように、よもやの時には資金が必要になるということで福岡銀行の支店長に1億5000万円の枠を用意してもらった。けれどもその枠、じつは今まで一度も使っていない。

――決算は時価会計を基本とし、赤字を恐れない

平成元年から世間がバブル景気に沸いていた当時、気が小さい私は「土地の値段もこんなのはおかしい。バブルはもう弾けるよ」と口に出して言っていた。まわりの連中ほど浮かれていなかったはずだが、それでも、ゴルフ会員権や土地などはちょこちょこと買っていた。そして案の定痛い目にあい、むべなるかな、大赤字を出している。

バブル崩壊後には土地の時価相場が暴落した。とはいえ、それを放置していたら簿価がずっとそのまま。会社が１億円くらいの利益を出しているとして、しかし土地の含み損が１億円あっても経費として認められず。そういった含み損は、土地取引の実態がないと簿価は修正できない。

だから私は手をうつことにした。銀行には「本社用に購入した土地の時価相場がかなり下がっているので、一度きちんと整理したい。簿価から１億円の含み損を今期の決算で精算しようと思う」と伝えた。すると銀行サイドは是非やれと言う。したがって、赤字を恐れずに不良資産やらを次々と整理していった。ゴルフ会員権もその一つ。２０００万円したのがもう３００万円の価値しかないというのだから大損だった。しかも１件だけでなく

いくつも所有していたので、もはや開いた口が塞がらない。まぁ駐車場の商売をしていたら「ゴルフの会員権を買ってくれるんだったらアンタのところに注文するよ」といった駆け引きも結構あるわけで、要らない会員権がいつのまにか何カ所にも増えていく。そういったものをどんどん落としていった。今ではもう懲りたので必要最低限しか持たないようにしている。ここで言うところの赤字を恐れるなというのは、含み損のない正常な決算をするためで、たとえマイナスを計上することになってもやれという意味だ。だからこそお客さんや銀行からしっかり信頼が得られていると思う。決算書をきれいにするというのは、企業にとってきわめて大事なことだ。

こうしたわけで、うちには不良資産の一切が無い。売却損に計上した資産はのべ４億円近くになった。所有地も今では含み益となっている。

――アウトソーシング重視の経営

うちは工場を持たないメーカーといっていいだろう。事務所にはいろいろな部署があって、機械や建築のノウハウ、さまざまな技術力を持っている。いずれにせよ、セイワパークに頼むと立派な駐車場が建つ。

かといって工場があるわけでも、現場でショベルを片手に作業する社員がいるわけでもない。じっさいのところ、協力業者との連携、要するにアウトソーシングを中心とした経営方針がその根幹をなす。いつ如何なる場面においてもきちんと仕事ができるような組織を作ってあるわけだ。

何も持たないというのは、強い。どんな利点があるかといえば、まず挙げられるのが景気に左右されない身軽さ。たとえばバブル期などは今と比べものにならないほど注文が殺到したわけだが、そういった時には鉄骨業者に鉄の加工を依頼してもしょっちゅう断られてしまう。もはや工場の生産ラインがいっぱいで、ぜんぶ埋まっているから受けられないというのだ。そんな時代があった。

その時に鉄を必要とする会社のほとんどは、鉄の加工で困るのならば自前で鉄工所を作ってしまおうと工場を建設した。それが後々重荷になった。何故なら自分たちで工場を持ったらやっぱり原価が跳ね上がるから。みんなその理屈が分かっていなかったのだろうが、結局のところその業者は大失敗したといわざるをえない。

うちは工場を持たないメーカーというスタンスを崩さなかった。注文があるのに鉄骨が確保できなくて悔しい思いこそしたが、それでもじっと我慢した。むろん自社工場を作る資金がなかったわけではない。先のことを考えてあえてやらなかったのだ。

トラックや重機といったものも持たない。それらは必要となればレンタルすればいい。どういうことかというと、たとえばうちには保守部門があるが、メンテナンスを行なう現場ではさまざまな機器が必要になる。溶接機や発電機、それらを運ぶのにトラックだって要る。それらは業者に頼んで期間貸ししてもらう。1日毎の料金がわりと高くつくのだが、仮に買って所有すると保管するための倉庫が要るし、壊れた場合は修理をしなければならない。けれど稲尾産業あたりのレンタル業者から借りればそういったランニングコストがかからないので、トータルで考えればずっと安く抑えられる。

業者はいつだってきっちり隅々まで整備したものを用意してくれるから手間いらず。したがって、アウトソーシングはそういった意味も含む。所有ではなく利用、一時的な必要機器はすべてレンタルでまかなう。これも一つのやりかただ。

——専属の下請けは設けない。取引先はすべて商売のパートナー

往々にして、下請けというものは子会社化する。ちょいと資本金を入れたりして傘下に組み込んだりするケースが散見されよう。しかし、これは経営面から見ると命取り。資本

を投じてそこに役員も送り込んだりしたらもう自分の会社と同じ。もしそこが下手をうって経営が悪化、赤字を出そうものならぜんぶこちらで後始末をつけねばならない。

専属の下請けというのは、要するに資本を入れたような会社のこと。まるで子会社のような意味あいを持つ。したがって、うちは〝横請け〟を推奨している。仕入業者たちとはお互いに仕事上のパートナーとして対等な立場でやりとりを行なう。これなら下請けの経営状況が悪くてもまるで関係がない。その時々で良いところと取引すればいいだけ。

――アライアンスの推進

これからの企業の生き残り戦略はアライアンスにある。そういったことが一般的にもいわれるようになった。ビジネス用語でいうところのアライアンスとは、複数の企業が互いに手を組み、緩く協力体制を構築すること。限られた資材・人材・資金を有効に使って経営効率をあげられるため、それぞれの会社がメリットを享受できる。

異なる競争優位性を持つところ同士が組めば、お互いの独自性を維持しつつ技術力、生産力、販売力など多岐にわたって補いあうことが可能だ。いわゆる戦略的提携というやつだが、これはＥＶ業界においてもトヨタが率先して行なっている。スバル、ダイハツ、スズキに加え、今年はマツダとのアライアンスも発表し世間を驚かせたのが記憶に新しい。

株式交換などが活発になるにつれて、時流というか、現在ではＩＴ・電機・通信・金融など、さまざまな業界でアライアンスが組まれるようになった。したがって、これからは自社主義から他社連携主義へと移っていく時代だといえよう。私もこうした動きには賛成だ。競争相手の手を堂々と握ればいいじゃないかと思う。相手を打ち負かそうと思ってはいけない。同業者であろうと異業種であろうと、強みを共有して新しい商品やサービスを提供してくべきなのだ。そうしたシナジー効果によって技術が進歩し、より良いものができたなら、お客さんもきっと喜ぶ。それこそが大事なポイントだろう。

――最大の社会貢献は納税すること

よく考えてみてほしい。税金を誤魔化して成長したとか良くなったという会社はゼロだ。やっぱり社会的にも立派とされる会社は、正しく決算してきちんと税金を払い、そしてしっかり成長を遂げている。そうしていれば信用も勝手についてくるのだ。ゆえに私は「税金は喜んで払いなさい」とよく言う。何もおかしなことではない。これが会社の基本だし、無駄にさえ使われなければ社会貢献にもそのまま繋がるのだ。

そんなわけで税金は絶対に誤魔化さないという信念でずっとやってきた。自慢じゃないが、平成19年には優良申告法人の表敬状を授与されている。当時、博多税務署長だった出口さんから「3～5年に1回ほどセイワパークの税務調査をしましたが、非の打ちどころがありません。じつに誠実な決算書、きわめて正直に税金を払って頂いております」という風なことで表彰されたのだ。

うちは税務署が調査に来るとなっても「どうぞどうぞ」とにこやかに迎える。何もやましいところがないから好きなだけ調べてもらって平気。そんな感じでやっていると、セイワパークに行っても何も出てこないだろうと判断されたのかどうかは知らないが、最近ではぱったりと来なくなった。

さておき、身内だけでなく世間の経営者にもこれは言っておきたい。「税金は全部しっかりと払いなさい。却って会社が良くなりますよ」と。

社員の成長は会社の成長―社員心得に込めた想い

「この世で最も難しいことは何でしょう」と、ある青年が哲学者・ターレスに問うた。ターレスは「自分自身を正しく知ることだ」と言った。「じゃあ、最も簡単なことは何ですか」と再び質問してくる青年に対し、タ一レスは――

これはギリシャの七賢人の一人であり〝哲学の父〟と呼ばれるターレスにまつわる有名なエピソードの一つ。哲学者としての名を知らなくとも、中学校の数学の時間に習う〝ターレスの定理〟のほうではお馴染みだろう。

話の続きはこうだ。この時、最も簡単なのは「他人へ忠告すること」だと彼は返答している。そして理路整然と次の三つの考えかたを示してみせた。

「世の中で最も難しいことは自分自身を知ること」

「世の中で最も易しいことは他人の欠点を見つけること」

「世の中で最も楽しいことは自己の思いが成就されたとき」

なんと含蓄ある言葉だろうか。約2500年もの昔に、これほど核心を突いた答えを導いたという。いやはや、さすがと驚かされるばかり。この歳になるまで私はほんとうに数多くの人たちと接してきたが、経験上から、まごうかたなき真理だと断言できる。したがって社員たちにも頻繁に紹介してきた。

頭の片隅にでも残し、前向きな行動の指標にしてくれたなら、嬉しく思う。

させて。生い立ちから始めて、ずいぶん長々と自分語りをしてきてしまったが、いよいよそれも終わりに近づきつつある。読み疲れた方も多かろうが、あともう少しだけ、お付きあいのほどを願いたい。ここから会社の永続性を願う上で最も大事な〝社員の成長〟について、私なりの意見と理想を述べてのち、ペンを置く。

私の考える社員教育の基本は「自発的に仕事にチャレンジする社員を育てる」こと。それに焦点をあてている。ちなみに、うちの始業時間は朝8時半。その5分前にラジオ体操をして30分頃から朝礼をはじめる。こういった物件が決まったとか、各部門別の連絡事項、くわえて「社長の一言」がある。これを毎日かかさずやっているので、そうとうに意志疎通はできていたと思う。

私が社長だった時、1〜2年目の新入社員は朝8時までに集まるように義務づけていた。言ったとおり朝礼は8時25分から始まるのだが、新入社員たちは8時に集合。そうして毎日25分間、社長つまり私と一緒に勉強会をやった。そこではもちろん商品知識や営業・接客のコツなどを話し聞かせたわけだが、いっぽう、ものの考えかたについても頻繁に説いていた。

やっぱり経営理念の徹底と社員教育は切っても切れない関係にある。入ったばかりの社員たちには、うちの価値観をまず理解してもらうことが必要だろう。じつは私自身、こうした勉強が好きなほうだった。たとえば同友会に行くとふんだんに社員教育に関する資料があるが、それらを読み漁って、良い部分というか、これは使えるなと思ったところを抜粋し配るといったこともしばしば行なっていた。

社員教育で一番に力を入れたのが、パラダイムをいかに社員に植え付けるか。人が何か行動を起こす場合、そこには目標と目的とがある。目標は明確。その場で立てた時点で着地点が見えており、到達すべきラインがはっきりとしているから、さしあたって後は処理していくだけ。いっぽう目的は、目指すものという広義の解釈では同じだが「最終的にあそこまでたどり着きたい」といった確たる意思をともなう。ありていに言えば目標は見える願いであり、目的は見たいと願うものだ。だから目的と理念には相通ずるものがある。そのあたりがしっかり社員と共有できていれば、会社はきっとうまくいく。

不思議なことにこれだけ長いこと商売をしているにも関わらず、私はひっかかりを経験していない。ひっかかりというのはつまり集金が滞る、あるいは踏み倒されるといった理由でマイナス収益となること。宮地鉄工所が中国で大失敗したようなパターンがまさにそれ。うちはそういった躓きが皆無だった。工事をしたらそのぶんきちんと集金してこられた。ただ、これについては偶然ではなく必然だと胸を張っておきたい。

たとえば東京で３億円の立体駐車場案件を受注した時。お客さんの調査をしたら、意欲的に事業に取り組んでいるようだがどうにも動きが派手すぎるきらいがあった。ということはあわやの危険性が無きにしもあらず。こういった場合は悩ましい。商談は成功させたいが、かといって最悪の場合でも会社を潰すわけにはいかないという両面で板挟みとなってしまう。

そんなリスクをいかに回避するか。とりあえず保証人を立ててもらうとか担保を出させるとか、さまざまな方法が考えられるけれども、確実なのは信用あるところに間へと入ってもらうこと。要するに商社からお客さんに物件を販売してもらうかたちをとれば、何があろうと確実に集金ができる。商社を介したらマージンぶんは利益が減るが、いわば保険料だ。それを払ってでも着実に集金できたほうがよほど良い。

そこで例の案件にもちゃんと商社を挟んで契約した。果たしてその商社は、支払い回収がうまくいかず、集金面でたいへんな苦労をすることとなった。もしもうちが直接に取引をしていたらかなり骨が折れたことだろう。

私は常にそうやってリスクヘッジを考えながら動く。そんなやりかたを実践してみせていると、いつしか社員たちも着実な商売をするという基本を心得ていった。したがって、やっぱり社員教育というものは必要だと感じている。ただ、私も最初のうちは教育さえしてやれば誰もがねらいどおりにパラダイムシフトするものだと思っていた。みんな立派な商売人になるという風に。しかし、それはたいへんな思い違いだった。

ここに至って恩師・山本社長の言っていたことが痛いほどよくわかる。

世の中すべて3：4：3

訃報のくだりでも書いたが、印象に残っている言葉の一つ。これを山本社長はいつも説いていた。どういう意図か説明しよう。

何かしら世間のものごとを分析しようと試みた場合、ほとんど3対4対3に分けることができるというのだ。たとえば優秀な社員が3割いれば、普通の社員が4割、ダメ社員が3割。顧客にしても、いわゆる上客が3割、一般のお客さんが4割、もはや客とは呼べんという輩が3割。こういった風にあらゆる事象をその比率に落とし込めるという山本社長の持論だ。ひょっとすると「2：6：2の法則（働きアリの法則）」をもとにアレンジを加えたのかもしれない。こちらの法則は組織において2割の人間が優秀な働きをし、6割は平々凡々、残り2割は良くない働きをするというもので、アリやハチの社会でも同様の現象がみられるという。ビジネス書などでたびたび引用されているが、起源はあやふや。一説によると松下幸之助氏が提唱したとかなんとか。

ともかく、この概念に基づいてものごとに取り組むべし、と。結局のところ、私は社員教育を行なう立場となって初めてこの真髄を知った。

社員の中には決断力のない者がいる。ただし頭はすごく良い。それが裏目にでて考えすぎてしまい「うーん……どっちも悪くはないな。でも、こちらにはこんな欠点があるけど、あちらはあちらで欠点がある……」などと優柔不断なことになるわけだ。しかし商売人であれば決める時はバシッと決めなければいけない。さて、こういった人物に決断力をつけるためにはどうしたらいいか。

「そこが君のいたらんところだ。しかし頭の回転はバツグンに早い。だからゆくゆくは部長やら経営者になってほしいのだが、そのためには決断力というものが必要不可欠だ。そこをなんとか改めることはできんかね」

「わかりました。決断力をあげます！」

と、このようなやりとりがあった。その後、田辺経営等の講習会に優先的に参加させ、その結果ずいぶんと改善したように見えた。そこで指導的な立場に据えてみたわけだが、やっぱり決断力のなさは持って生まれたものだったらしく、決断力アップは一時的なものだった。したがって教育にも限度があるとわかった。無理なものは無理。

ゆえに、この人は決断力に劣ると思うならばそれが必要ないような仕事をさせねばならないと学んだ。適材適所こそお互いのため。教育さえすれば誰しもが良くなるという考え方は間違っていたのだ。そんな風にして、自身で社員教育に力を入れるようになってからは日々、新しい発見があった。

人の言は最後までちゃんと聞こう

ところで、日祥上人はとある有名な思想家のことも紹介してくれた。私自身、たいへんに感銘を受けたので、それからというもの、ことあるごとに社員教育の場で使わせてもらっている。江戸から明治時代にかけての儒学者・佐藤一斎の言だ。

「人の言は須《すべか》らく容《い》れて之を択《えら》むべし。拒むべからず。また惑うべからず」

たとえ自分と考えかたの違う意見であっても、まずは一生懸命に耳を傾けよう。言わんとするところを汲み、惑わされずに理非曲直《りひきょくちょく》をきちんと判断しよう。話を聞きもせずに断わったり否定したりしてはいけない。佐藤一斎はこう説いている。

胸にストンと落ちた。まず自分の考え方は横において一生懸命に聞く。そうすれば相手が何を言いたいのかがよくわかり、正しく選ぶことができる。人がまだ内容の半分すら喋っていないうちに自分の意見を言ってくる人をときおり見かけるけれども、よく内容を把握しないうちから「ここが悪い。気に入らない」と評するような、そういった性分ではいけない。きちんと一から十まで相手に喋ってもらってから言葉を返す。したらば「こういった部分は非常に良いことを言っていますが、ここに関してはあなたに問題がありますよね」と論理立てて指摘しながら、自分の言いぶんを通すことだってできよう。

だから私は佐藤一斎の言を各部署の壁に貼り、社員教育に役立てることにした。「お客さんの意見の中には納得しがたいものもあると思うが、とにかく一生懸命に話を聞きなさい」とパラダイムシフトを促したのだ。虚心坦懐《きょしんたんかい》に聞くのが先であり、私たちが発言をするのはお客さんがすべてを話し終えてから。客商売において大切なことだと思う。

そういえば、小泉元総理が田中眞紀子氏を外務大臣にした時のエピソードにも有名なものがあった。眞紀子氏はイメージどおり我が強かったようで、外務官僚と仲たがいし、彼らの言うことにまったく耳を貸さない。そこで小泉さんは佐藤一斎の本を贈り、これをよく読みなさいと諭したのだとか。実際のところ渡された本に目を通したかどうかは知らないが、まぁ読まずに捨てていたとしても、さほどの驚きはない。

ほかにも、日祥上人のお話を通じて円滑な人間関係を築くコツを私は知ることができた。偉くなればなるほどある意味において馬鹿になるのが大切だとわかったのだ。こちらがすでに知っていることを相手が喋りだしても知らないふりをして聞く。「へぇ、そうなんですか」と相槌をうち、「なるほど勉強になります」なんて感心してみせれば、話すほうとしては小気味良い。逆に「そんなのもう知ってる」なんて偉ぶるのはよろしくない。もっと悪いのは話題を奪って自身が語りだすこと。自分のほうが詳しいと知識をひけらかすような真似をしては、相手の気分を害してしまう。したがって絶対に避けるべきだ。こうした考えを念頭において他人と接していれば、人間関係はきっとうまくいく。

パラダイムシフトは自分本位から他人本位へ

話を戻そう。私はいろいろと優れた思想を学ばせてもらい、それらをひととおり実践してみた。そのおかげでパラダイムシフトも、１００％にはほど遠いけれども、相応にはできるようになったと思う。よって現在、セイワパークに派閥のようなものはできていないし、これといった軋轢《あつれき》も無い。おかげさまで、皆それぞれひたむきに努力して自分に求められる役割を果たしてくれているようだ。

そんなわけで、思想教育ってものはどうしても必要だと強く実感している。技術面で指導するだけでは片手落ち。要するに、社員教育の基本といえば商品知識やらいっぱいあるだろうけれど、考えかたもきっちり教えておくほうが良い。

松下幸之助氏があれだけの会社を作りあげたのだって、ある面においては、ものの考えかたを一生懸命に社員に叩きこんだ成果だ。幸之助氏は「ステキな洗濯機の作りかた」なんて技術的なことは何も言っていない。商売とはどのようなものか、経営とはどうあるべきかといった話こそが、珠玉だったのだ。

自分本位ではなく他人本位、言い換えると、会社ではなくお客さん、社長ではなく社員が中心。こうした考えに立てないような企業は成長が見込めないだろう。うちの場合は現社長に思うところが伝わっているようだから、おそらく大丈夫だと思う。「今期はけっこう利益が出たから社員にこれだけのボーナスを特別に払いたい」と彼が相談してきたさい、私は「良いことじゃないか」と即答できた。昔の私であれば「それだけの金額を会社に積み立てておけば、営業もたくさんできるし、いざって時に助かるだろう」などと考え保留したはずだ。しかし、業績アップにより会社が潤ったのであれば、まずは頑張ってくれた社員に還元。社長みずから率先してそれを言うようになった。他人本位の考えかたがずいぶん浸透したものだなと、嬉しく思う。

そういえば、株式上場したら採用が楽になるとされ、上場会社であれば優秀な学生が集まり、一般的には志願者も増えるという。しかしうちは上場していないわりに求人倍率がけっこう高い。その理由は待遇面にある。社員を優遇していることはやっぱり世間に伝わっているようだ。セイワパークは良いらしいよ、中小企業にしては給与水準や福利厚生のレベルが高いし、残業もないし、職場も楽しそうだといった風に。だから、毎年3名以上の大学卒を定期採用すると決めてからずいぶん経つが、毎年きっちりと優秀な人材を採れている。入社した先輩が学生たちに良いところを言うものだから、しぜんと応募者が増えていくわけだ。

社員教育に関連して最後にＩＳＯ認証の話もしておこう。ＩＳＯとは「International Organization for Standardization（国際標準化機構）」を略したものであり、読んで字のごとく国際規格にあわせた品質を提供しようといった動き。うちではもう取り組んでいないが、一時的にはそれなりの役には立った。なぜ卒業したかというとすでにＩＳＯの指導要綱以上となったから。ちなみにトヨタのような大企業も同じくもう国際規格をゆうに超えるレベルでやっている。

当時の建設業における入札などではＩＳＯを持つ企業が有利だった。むしろＩＳＯを取らないと相手にしてもらえないような感じだ。そのせいか皆こぞってＩＳＯに挑戦するといった異様な雰囲気があった。

したがって、うちも専門家を呼んでさっそく話を聞いた。すると当初のＩＳＯには現実離れした指導がてんこもり。何のためにここまでする必要があるのかという要素がいっぱい入っていた。私が現実に即した視点からその点を指摘すると、専門家は「これがＩＳＯの基本だから仕方ない」と言う。ようはルール作りが多義にわたり不要な書類が山ほどできていたわけだ。

とはいえ良い点もある。中小企業の社員教育では、その都度、極端にいえば思いつきでやるような指導が蔓延していた。しかしＩＳＯがこれを正す。きちんとルール決め、それに従ってやらねばならないと厳しく規定したのだった。

じっさいＩＳＯはしちめんどうな制度で、役に立たない項目も多い。けれど国からの要望もあって、ひとまずは全社員で取り組むこととした。するとこれが意外や意外、社員教育にものすごく役立った。私は「これは使えるじゃないか」と思い、目的をそちらに置き換えた。入札に勝とうとか注文を取ろうとかそんなのはどうでもいい。社員教育に役立つ。これがＩＳＯ認定取得に励んだ一番大きな理由だった。

そうこうしているうち２０００年版とか、もうよく覚えていないけれど、ＩＳＯのルールが少し改正された。今度のものは企業経営の面からみて現実的なものを採りいれていて、自由度も高かった。先のものは社員教育にと割り切って取り組んだが、新しい規格は制度としてもなかなかだった。

こうして次第にマニュアルができていき、一時的ではあるが、社員教育の面で有用だった。当初はルール作り一つをとってもなかなか苦労した。しかし、ＩＳＯに準じて企画して実施、反省していく。こうしたルーティンを回していくと、やっぱり勉強にはなった。

私は時々のブームあるいは注目される新システムを自分の会社にあわせてうまく活かす。それは社員教育においてもしかり。

社員たちが急速に成長していくのが実感できるのは、経営者としてもやはり、たいへん喜ばしいことだ。

山善時代の元同僚・部下と今も交流

私が山善で課長をしているころ部下が10人ほどいた。全員とても優秀だった。けれど私は自分の思うようにことが運ばないと「そんな体たらくで売上げが伸びると思っているのか！」と部下たちをしょっちゅう叱りとばしていたことを思い出す。やっぱりまだまだ若かったし、自身がたたき上げなものだから相手に求めるレベルもそうとうに高く、ハードルを上げてしまっていた。そんなわけで、私のいる課は社内でもすこぶる厳しい部門というイメージがついていたと聞く。

しかしながらおかげさまで、かつての部下や同僚たちには、今でもお付き合いいただいている。人事部長のくだりで紹介した山形くんのほか、鈴木くん、松川くん、壁屋くん、木谷くん、瓦吹くん、小野くん、笠島くんといった面々だ。

そういったメンバーの中に中田繞《めぐる》くんがいる。彼は九州産業大学商学部を卒業しているため、福岡とはそれなりに縁が深い。たしか山善に入社してきたのは昭和44年だったはずだから、私が退社する昭和53年まで約9年間、同じ会社で過ごした後輩だ。彼の性格は、生まれながらの他人本位で部下同僚の面倒見がよく、皆から慕われていた。

そんな中田くんが九州支社長を経たのち工具統括部長取締役、常務、専務、副社長と順調に出世し、いよいよ代表取締役社長にという風潮になってきたある日、こんな話を投げてみた。

「社長候補になっとるちゅう噂を小耳に挟んだんやが、本当かね」

元社員とはいえ私が山善を離れてからずいぶんと経つ。すでに部外者だから、そういった内輪事情に首を突っ込むのはいかがなものかと思いはするが、それでも歯に衣着せず単刀直入に訊ねた。べつに知ったからといって他言するつもりもないし、むろん、よこしまな考えもない。親しい友人に対する素朴な質問だ。

「ぶっちゃけて言えば時々そういう話もありますけどね。全部断っています」

中田くんはそう言って愉快そうに笑ったのち、さらに念を押すかのように言葉を継ぐ。

「社長にだけはなりません。取締役会でどれほど担ぎ上げられようと、他の者を推してそのポストに就けます。社長となると今までと比べものにならない重責を担うことになりますよね。清家先輩はご自身で体験されてみて、どうですか」

「ふむ。まぁ確かに辛いわな。すべての責任を負わんといかんし、社長である以上は全身全霊をそそぎ込むのがあたりまえだから、もう毎日、気が張っておるよ」

「でしょう? 私はそういうの苦手ですから」

こうしたやりとりがあったので、おそらく彼が社長を受けることは無いだろうと思っていた。ところが半年後、電話が一本かかってきて、

「どうしても私が社長にならなきゃいけないようで……」

どういう経緯でそうなったのかを尋ねた。

「いやはや。ずっと断わり続けてきましたが、君が一番の適任者だろうと会議で追い込まれてしまいましてね。今回ばかりはいよいよ逃れられなくなりました」

話しぶりから察するにどうやら取締役会での決議だろう。とすれば、それはもう揺るがぬ決定事項だ。

「選ばれて受けるからにはちゃんとやり遂げにゃならんわな。大変な仕事やからしんどいはずやけど、そこは歯ァくいしばって頑張れ。社長になったらすぐ、後任は誰が相応しいかを見定めておくといいぞ」

と心からエールを贈った。

こうして平成26年の4月、山善の代表取締役に中田繞氏が就任。それから3年ほど経ち、今年（平成29年）3月末に彼は社長を後任者に譲った。辞める報せをうけた時は「早いな」と、人柄をよく知っているだけにちょっと笑ってしまった。ともあれ、きっちりと

業績を伸ばして就任時より株価も上げているから大したものだ。

くわえて社会貢献の面でも評価したい。熊本地震のさいは被災者救済のため義援金や物資を送り、山善の流通網を駆使して輸送を助け、発電機・投光器を活用して避難所を運営するなど多大なる支援を行なっていた。さすが、中田くん。立派に社長の務めを果たしたじゃないか。

ところで、彼がまだ社長だった時にもいくどか食事を一緒する機会があったわけだが、そこで少々驚かされたことがある。その時の会話はたしかこのような感じだったと思う。

「もう2年が経つので、そろそろ社長の職を辞すつもりです」

「退いた後はどうする。会長かいな」

「そうですね。流れからいけば会長になります。前例に倣えば代表取締役会長ですが、会長が代表権を持ってしまうと社長がやりにくいでしょう」

「えらく思い切ったことするなぁ」

私は「ほぅ」と息をもらし、はたと膝を打った。従来であれば短くとも1～2年は代表権を持ったまま会長になるのが常だ。なぜなら扱いがまるっきり違ってくるから。代表者としての権限を持たない会長は、契約をはじめとする実務上の決定事項とは無縁のポジシヨンとなる。私も69歳で社長を辞して会長に就任した時、同じく代表権をはずしたのだが、これからの人生目標を優先してお互いに欲がないのはパラダイムが似ているのか。

「ははは。でもこれで漸《ようや》く一息つけるといいましょうか、羽を伸ばせそうです」

「そうかそうか。なら、近いうち妻とドイツあたりへ旅行に行くんだが、奥さんと一緒にどうかね。ちょっとした物見遊山《ものみゆさん》がてら」

「それは良いですねぇ。でも、申し送りやら諸々の雑務が残っているので、私はまだしばらくは時間がとれないかも。お邪魔でなければ、うちの女房だけでも連れて行ってやってくれませんか」

「あぁ、そりゃもちろん。構わないよ」

といった感じで、私と妻の旅行には山善の会長夫人も同行することとなった。こう書くとどうにも仰々しくなるが、ようは元部下の奥さんだから昔なじみ。そのようなわけで今でも山善の関係者や偉いさんたちとは家族ぐるみで交流を持っていたりする。

山本社長と同様、私は一から会社を作った。最初は何も無い。その時の商売のやりかたと、経営が安定してから引き継ぐ時のやりかたはまるで違う。もう、ゴロッと変わる。初めはそりゃもう死にもの狂いだ。機転をきかせられる柔軟さ、数字的な強さ、社員を叱り飛ばす胆力、そのあたりが社長に備わっていなければ会社は軌道に乗るまい。なぜなら組織作りから銀行交渉、はては掃除まですべてを担当することになるからだ。とんでもなく忙しいため、ゆえに心配事はいつも〝内〟にある。

いっぽう、会社がある程度の成長を遂げ、うちの二代目のように新しく社長をやる場合はまた話が変わってくる。部門別に立派な人材がすでに揃っており、それぞれがきちんと仕事をこなしているはずだから、創業時のように社長が全部に目を光らせなければ立ち行かないという状況にはないだろう。したがって、この段階で心を配るべきは〝外〟なのだ。

外というのはつまりお客さんのこと。この章では何度も触れてきたが、お客様第一主義にまつわる話だ。顧客が何を望んでいるか。それを汲んで適切に応対していかなければならない。「クレームは宝の山である」なんてフレーズはビジネスシーンでよく耳にすると思うが、これは商売人にとって金言であり、至極ごもっとも。クレームはすなわちお客さんが改善点を教えてくれているようなものだから、たいへん有難いことだと解釈して次に生かすべきだろう。

これに関連して、昨今における私の懸念をちょいと話しておこう。人間っていうのはどうしても自己中心的になりがちで、特に技術者や食堂の経営者といった人にはその傾向が顕著なように感じられてならない。料理人だって食材を加工して提供するのだから、ある意味では技術者のうちだ。

食事にもやっぱり時代の流れというのがあって、食糧事情が良くなかった昔はとにかく量が多いことが持てはやされていた。たくさん食べられることが集客に直結していたのだ。味は二の次だった。だが今や飽食の時代といわれるほど豊かになり、もはや量は必要とされていない。お客さんが求めるのは美味しいもの。ゆえに売上げを左右するのは味の良し悪し。時流がそういう風に変わってきている。

それなのに、いまだ不味いものを食わせる店が多くある。ほとんどがだいたい半年ほどで潰れて撤去していくが、私にしてみればなぜそうなるのかと不思議で仕方がない。繁盛店に学ぶというか、どうしてこの店が流行っているのかを勉強しに行けばいいだけのことではないか。早い話が、お客さんとして訪れて優れたところを盗めばいい。しかし頑なにそれをせず「私の作り出す味こそが最高である」なんて思い込んでいるふしがあるから、もう目も当てられない。お客様第一主義とはほど遠いものだ。

うちの近所にも食堂がたくさんある。私も面白半分というか、興味本位で一度食べてみようって具合に店に入ってみる。するといまいち味がおかしい。店主だか調理人だか、ともかく厨房の中の人は一生懸命に作っているわけだが、お客さんがどういう味を望んでいるかまでは考えていない。おそらく自分の味に満足している。こちらとしてはもう少し工夫したら良くなるのになと残念に思うけれど、経営者でもないし、まぁ余計なことを言う必要もなかろう――なんて感じた店はやっぱり、いつのまにか潰れてしまう。逆に、なかなか良い味をしているじゃないか、従業員のサービスにも満足だというところはどんどん繁盛していく。単純なことだ。やはり自分本位じゃ駄目で、お客さん本位でなければ商売は上手くいかない。それは飲食業界でも、同じ。

基本はどんなに時代が移ろっても変わらない。したがって、パラダイムシフトをできる範囲でやっていくのが肝要だ。とはいえ私も、お客さん本位なんて若い時分に露ほども考えたことがなかった。無我夢中で働いてばかりで気持的にも余裕がなく、そういったことまで気がまわらなかったのだ。

ところが今ではもう完全に、お客さん本位でやらなければ経営が駄目になると思い込んでいるほどだから可笑しい。これは綺麗事でもなんでもなく、人間の価値観というのはやはり、僅かながらでも、しかるべく変わっていくのだろう。

その時々に合わせてできることをやろう。朝礼で社員にむけて話したこともあるが、これからは電気が主力になりそうだ。再生可能エネルギーの時代がすぐそこまで来ている。かつて石炭が担っていた役割に石油がとってかわった。そうして九州の歴史が如実に語っているように、石炭を扱う業者が次々と潰れていった。昭和を知る人間にとって寂しい話ではあるが、炭鉱の町として栄えた福岡の筑豊地方、軍艦島と呼ばれた長崎の端島などにはもう、在りし日の喧騒はない。

石炭は固体。いっぽう石油は流体だから、運ぶにしても石油のほうが楽だ。中近東で産出したものをタンカーで世界中に運び、現地で精製する。そうやって20世紀のエネルギー事情は石油が支配していた。ところがそちらもすでに斜陽となりつつある。環境問題が声高に叫ばれる昨今、再生可能エネルギーに注目が集まっているからだ。

そこで電力が躍進しはじめた。原子力はともかく、水力・風力・太陽光などなど、発電方式はさまざま。一度作りだしてしまえば、あとは電線さえつなげてやれば、あっと言う間に電気を運べる。国内はもちろん、海外であっても海底ケーブル等の整備が進めばもう、タンカーも何もいらない。とにかく便利が良いし、環境破壊や大気汚染などの面でも優れている。

そんなわけで、次世代のエネルギーつまり車の動力源なども電気が基本となっていくだろう。それは間違いないのだから、会社としては少し先を見据えて設備投資するなど、あらかじめ準備しておく必要がある。やはり経営の基本というのは、時代がどう変わっていくか、それに対してどのように動くか。そういったことを常に考えておかねばならない。だからこそ機械式の立体駐車場から自走式に切り替えた。さらに駐車場の管理・運営のほうにメインの事業をシフトさせていった。やらねば会社が生き残れないと思うからこそ次々と手をうつ。それがどうにかこうにか、結果につながってきたのだろう。

商売人として歩んできた長い人生で、私はさまざまな人から多くを学び、パラダイムシフトを行なってきた。お客様第一主義もその一つだ。経営理念にもそれを掲げ、社員一同が理解してくれるよう教育も行なってきた。結果、うちはお客さんを大事にし、地域社会に貢献できる会社になれたと思う。けれど、自画自賛するばかりでは真実を見誤る。本当の評価は、第三者の目にゆだねよう。

お客さんに喜んでもらえるか、会社は人々に愛されているか。そういったところをどう捉えられるかは、次の世代を担う皆にかかっている。むろん良い方向に進み続けてほしいと願ってやまないが、私はもう一線を退いた身であるからして、のんびりと庭の野菜の手入れでもしながら、そっと見守るばかり——といった文言を締めとして、清家謙次79歳、これにて筆を置きたいと思う。

おわりに

正直なところ、自伝を出すという話になったときは「とんでもない！」、おこがましいと思いました。しかし同時に、私がこれまで経験してきた些細なことが誰かの役にたつのなら幸いだ、とも。

只《ただ》ただ成功と失敗をそれぞれ余さず語った次第で、人生観の一つとして、これから先を担っていく皆さんに多少なりとも寄与できたなら嬉しく思います。

ところで、序章にては私の生い立ちを述べました。本文中では触れていませんが、遠くたどれば佐伯ではなく実は愛媛県の宇和島市にルーツがありまして、そこには清家姓が多く存在します。もとは平家の一族が京を追われ、かの地に落ち延び、素性を隠すため清家と名を変えて住み着いたという伝承が残っています。これはあくまで昔ながらに言われている噂話なので確証はありませんし、うちの家系に代々伝わる所縁《ゆかり》の品といったものも残ってはいません。ただ、平清盛《たいらのきよもり》公といえば瀬戸内海ルートを独自に開拓し日宋貿易で巨万の富を得、当時は貴族の番犬程度の地位でしかなかった武家から、実力で日本の覇者にまで上り詰めた人物。もしも清家姓が言い伝えどおりに平家の末裔であるなら……と、勝手に想像して楽しんでいます。

ともあれ今の私がこの世に存在するのはもちろん先祖あってのことですから、これからも感謝の念を忘れずにいようと思っております。

さて、今回の上梓にあたっては仕舞いこんでいた記憶を引っぱり出しながらの執筆となったわけですが、あらためて過去を振り返ると、やることなすこと良いほうに転んだというか、ほんとうに運が良かったと感じるばかりでした。

志望校に入り、希望した会社に就職し、念願の起業も叶いました。そしてわが社は簡単には潰れないような企業に育ち、事業承継もなんとかうまくいきました。予定どおり69歳で引退し、その後いっさい会社経営に口出しはすまいと決めていたものの、もはや私がしゃしゃり出る幕などないほどに経営は順調で、なんだか拍子抜けしてしまうほどです。

そういったわけで、時間的にも余裕があり、また健康でもあるため、ここのところ妻とともに旅行三昧の生活を送るなどして思う存分、余生を謳歌できております。どうして私の人生はこんなにツイているんだろうと思えるくらいに、おかげさまで今、毎日とても幸せです。

今年でわが社は創立から40周年を迎え、私は今年の誕生日で満80歳となります。「有為転変《ういてんぺん》は世の習い」と故事にもあるように、戦中〜戦後、昭和、平成と時代は流れましたが、一歩一歩、自身の望むほうへと歩を進めてまいることができました。

これもひとえに支えてくださった方々のおかげだと考えております。取引先の皆さま、従業員一同、悪友も含めた仲間たち、そして愛する家族に、この場を借りて心よりお礼を申し上げます。

平成30年1月吉日　清家 謙次

【著　者】

清家 謙次（せいけ けんじ）

昭和 13 年、大分県南海部郡鶴見町（現、佐伯市鶴見）に生まれる。高校卒業後、昭和 32 年に株式会社山善に入社。山本猛夫社長より直々に商売人として大切なノウハウを学ぶ。
昭和53年、株式会社山善を退社し、清和機器株式会社（現、セイワパーク株式会社）を設立。駐車場のトータルカンパニーとしての基盤を築く。平成20年に社長を退任。現、取締役会長。

報恩感謝《ほうおんかんしゃ》

セイワパーク創業者《そうぎょうしゃ》・清家謙次自伝《せいけけんじじでん》

平成三十年二月一日　初版発行

著　者　清家謙次

発行者　田村志朗

発行所　㈱梓書院

福岡市博多区千代三―二―一

電話〇九二―六四三―七〇七五

印刷／青雲印刷　製本／岡本紙工

ISBN978-4-87035-623-8